日本史を生き抜いた
長寿の偉人

武光　誠

青春出版社

はじめに

歴史上の私が好きな話の一つに、次のものがある。

「世界征服を目指すジンギスカンが、ある日、長春真人《ちょうしゅんしんじん》という高名な道教《どうきょう》の師を招いて、『不老長生の秘術を知っているか』と尋ねた。すると真人は権力者を恐れずに、こう言い切ったとある。『不老長寿の薬などは無い。日常の養生《ようじょう》のほかない』」

ジンギスカンの時代と現代の事情は、大きく異なる。近代医学の発展によって、人間の平均寿命はじわじわと延びていった。現代では八〇代、九〇代の老人を多く見かけるようになった。

しかし、現代ほど医療技術が進歩していなかった時代にあっても、長寿を全うした偉人が何人もみられた。彼らは、なぜ長生きできたのか。

「何事かを為《な》さんとするために、長寿でありたい」

という願いが、幾人もの長寿の偉人を生み出したのだろう。

藤原定家《ふじわらのさだいえ》、徳川家康《とくがわいえやす》といった人びとは、日々の健康に気づかう努力を怠らず、独自の工夫をふまえた生活を長年行なって、名を為したのである。

徳川家康は、豊臣秀吉《とよとみひでよし》より長生きして徳川の天下を実現しようとした。藤原定家は、朝廷一の歌人との評価を得て権中納言《ごんちゅうなごん》の官職を得るまでは死ねないと語っていた。

「人生百年」といわれる時代の訪れも近い。私たち一人一人が「長寿の時代に生まれて、何を為すべきか」という課題に向き合わなければならなくなっている。

長寿に恵まれて名を残した日本史上の偉人の生き方を見ていく中で、その答えが見付かるかもしれない。本書で取り上げる人びとは、いずれも何らかの実績を残し、愛すべき老人、老女となった。

長寿の偉人の人生を見ていくと、かれらの中の多くが老年になるまで好奇心を持って物事に接し、怒りを抑《おさ》えて広い気持ちで過ごしたことがわかる。読者の方々が、本書に出てくる人びとの生き方や健康法から何かを学んで下されば幸いである。

（明治の改暦以前の、偉人の生没年は、旧暦のものを記し、偉人の享年数は数え年を示した）

令和六年十月

武光　誠

日本史を生き抜いた 長寿の偉人●目次

第四章　権力への執着が長寿をもたらす

第五章　日々の生活の中で長寿を探る

第六章　貴族・芸術家・僧侶…長寿を手に入れた数々の人びと

カバーイラスト提供／アフロ
企画協力／緒上　鏡
本文デザイン・DTP／ハッシィ

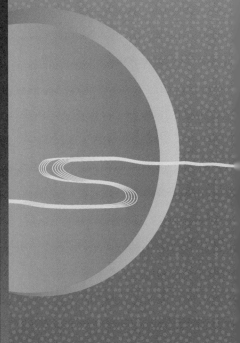

第一章

望みを叶えるために長寿を願う

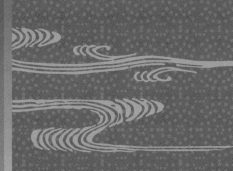

藤原定家《ふじわらのさだいえ》

享年八〇（一一六二―一二四一）

［略歴］

藤原定家（「ていか」とも）は、平安時代から鎌倉時代はじめの歌人で、宮廷で当代一の歌人と称《たた》えられた藤原俊成《としなり》の子である。俊成は、関白《かんぱく》藤原頼通《よりみち》の弟の長家《ながいえ》の曽孫にあたる。

しかし長家の系統が早く権力の座を離れたため、藤原俊成は正三位ながら参議《さんぎ》や中納言《ちゅうなごん》に昇進できなかった。

藤原定家は二〇歳の時から、父の俊成の教えを受けて本格的に和歌を始めた。かれは九《く》条《じょう》良経《よしつね》の後援を受けて、「新風《しんぷう》」和歌《わか》を開拓した。

そのため定家は後鳥羽上皇《ごとばじょうこう》のもとの歌壇の中心的歌人となり、『新古今和歌集《しんこきんわかしゅう》』の撰者の一人とされた。しかしかれは上皇の倒幕《とうばく》計画を皮肉った和歌を詠《よ》んだことで、上皇に閉門を命じられた。

後鳥羽上皇が承久《じょうきゅう》の乱（一二二一年）で失脚《しっきゃく》したあと、定家は権《ごん》中納言に昇進した。

ヒルに血を吸わせてマラリアを治す

藤原定家は、当代一の歌人として宮廷で称えられた公家《くげ》（貴族）であった。しかし、かれの出世は順調にはいかなかった。そのため人一倍、名誉欲や出世欲の強い定家は、なるだけ長く生きて高い地位に昇りたいと望み続けた。

定家は、健康の面では恵まれていなかった。それでも多病なかれは、養生《ようじょう》につとめ八〇歳の長寿を全うした。

定家は一四歳の時に、麻疹《ましん》（はしか）にかかった。抗生物質のない時代には、麻疹は天然痘《てんねんとう》とならぶ怖ろしい病気であった。

それでも定家は、苦しんだのちに何とか回復した。ところがその二年後にかれは、天然痘に感染してしまった。何とか命は取り止めたが、顔に痘瘡《とうそう》の跡が残ったとみられる。

そのうえかれは、おこり病（マラリア三日熱）を患《わずら》った。おこりとは、マラリア原虫が人体に入り肝臓に棲《す》みつく病気である。

原虫が成長して血中に出ると、高熱を発し、手足がふるえ、頭痛、吐き気に苦しめられる。

マラリアがいったん治ったかにみえても、原虫が生きていて後遺症に苦しむ場合も多い。

藤原定家は『明月記《めいげつき》』という日記を残しているが、そこに定家が三八歳の時に、おこりの発作の再発にみまわれたとある。

『明月記』の正治《しょうじ》元年（一一九九）八月一四日の部分に、次のように記されている。

「御所《ごしょ》に向かう牛車《ぎっしゃ》の中にいるとき、急に気分が悪くなった。手足の継ぎ目（関節）が、ひどく痛い。急いで屋敷に帰って床に入り苦しんでいたが、酉《とり》の刻《こく》（午後六時頃）からのことは、全く覚えていない。

夜半になって、ようやく意識がはっきりしてきた。これは、おこりによるものであろう」

このあと定家は、その年の八月一六日、一八日、二〇日に続けておこりの発作に襲われた。これはマラリアの三日熱原虫が、四八時間ごとに赤血球破壊活動をすることからくる発熱に対応するものだ。

藤原定家は生涯にわたって、マラリアの後遺症からくる呼吸器疾患と神経症に苦しめられた。『明月記』に、かれが四一歳の時に後鳥羽上皇のお供で、水無瀬御殿《みなせごてん》（大阪府島本《しまもと》町）に出掛けたことが記されている。

そのときかれが、咳病《がいびょう》つまり呼吸器疾患の発作を起こした。このときかれは『明月記』に、このように記した。

「私は若い時から、何度もこの病気に苦しめられている。これは、魔性の者のしわざではあるまいか」

しかし定家が、若いうちに病死することはなかった。それは京都の公家が健康によい食事をしていたことや、乗馬、散策《さんさく》などである程度の運動がなされていたことからくる。

しかも京都には、漢方《かんぽう》に通じた医師がいた。

藤原定家は古典を学び、その知識を踏まえた美しい和歌を多く創作した。かれの和歌は三十一文字の短い表現の中から、一つの風景が浮かび上がってくる絵画的な作風をとっていた。

そのうえ定家の和歌が描く風景からは、ある種の物悲しさや古びた奥深い美が浮かび上がってくる。

和歌に通じた後鳥羽上皇は、中世の「わび」、「さび」の美に通じる定家の作品を高く評価した。

ところが定家は、自分の才能に驕《おご》り、大きな失敗をした。定家は後鳥羽上皇の倒幕計画に批判的だった。そのためかれは御所の歌会《うたかい》に、菅原道真《すがわらのみちざね》が配流先《はいるさき》の大宰府《だざいふ》で詠んだ和歌を下敷きにした作品を出してしまったのだ。

この行為が上皇を道真にたとえたものだとされて、後鳥羽上皇とその側近の怒りをかった。そのため定家は、上皇から閉門を命じられた（一二二〇年）。

この次の年に、承久の乱が起こった。院《いん》の軍勢が幕府軍に敗れたため、後鳥羽上皇が北条《ほうじょう》義時《よしとき》によって隠岐《おき》に流されたのだ（一二二一年）。

その五年後に、六六歳の藤原定家は正二位を授けられた。正三位止まりの父を超える地位を得たのである。定家は日記の『明月記』に、このことを「乱世に遭遇しなければ得られぬ位だった」と記した。

かれは、承久の乱で上皇が京都を追われたおかげで異例の出世ができたと考えたのだ。

このあとかれは、出世欲をあらわにして生きた。定家は藤原氏だが、中流貴族の家柄の出であった。そのような定家が六九歳になった時に中納言を望んで、猛烈な運動を始めた。かれは『明月記』に、「中納言になれねば、死んだ方がましだ」と記している。

しかし定家の本音は、「中納言になるまで生きてやる」であった。六八歳の時に重病にかかると、ヒルに歯と左手を吸わせて、病気を治した。

現在でも医療用のヒルが、鬱血《うっけつ》（静脈の血が固まること）の治療に用いられることもある。しかし生きたヒルを口の中に入れてでも生きたいという定家の執念はすさまじい。

六九歳の定家は、『明月記』に「老哀甚《はなはだ》し」と言い、手足が腫《は》れて立つのも不自由で、咳病と下痢に苦しんでいると記した。それでもかれは七一歳で、念願の権中納言に任命された。

この年に、藤原定家は後堀河《ごほりかわ》天皇から勅撰集《ちょくせんしゅう》の編纂《へんさん》を命じられた。ところがその翌々年に、天皇が二三歳の若さで亡くなった。

天皇の崩御《ほうぎょ》の翌年に、定家は『新勅撰和歌集』を完成させた（一二三五年）。その歌集には、幕府と争った後鳥羽、土御門《つちみかど》、順徳《じゅんとく》の三上皇の和歌は収められなかった。

同じ年に藤原定家は、『百人一首』のもとになる「障子の色紙歌」を選んで書き送ったといわれる。これは、息子の藤原為家《ためいえ》の四男の宇都宮頼綱《うつのみやよりつな》の依頼に応じたものだとされている。

この六年後に、藤原定家は老衰で亡くなった。かれの和歌の幾つかは、後世まで作歌の手本として評価された。また定家の子孫は、冷泉家《れいぜい》となり和歌の宗家《そうけ》として幕末まで朝廷で重んじられた。

南光坊天海《なんこうぼうてんかい》

享年一〇八（一五三六―一六四三？）

［略歴］

徳川家康《とくがわいえやす》を支えた政僧、天海は謎の多い人物であるが、当代随一の学問僧であったことは確かである。天海は仏典に通じていたうえに、風水《ふうすい》などの陰陽道《おんみょうどう》からくる幅広い知識を身に付けていた。

天海は風水の知識を用いていくつかの大寺院の建築を主導したり、江戸の街の都市計画の立案にあたったりした。それと共に、日本初の「大蔵経《だいぞうきょう》」の版本の刊行事業も行なった。

天海は、川越《かわごえ》（埼玉県川越市）の喜多院《きたいん》を再興した時に、徳川家康と出会ったと伝えられている。これに従えばかれは六〇歳前後の老齢になったあと、家康に重用されたことになる。

しかしそれ以前の天海については、ほとんど知られていない。そこから、後で記すような「明智光秀《あけちみつひで》天海説」も出された。天海は、多様な健康法に通じていた。そのため徳川家康が亡くなった後も徳川家を支え、三代将軍徳川家光《いえみつ》の代まで活躍した。

長寿の秘密を二種の和歌に残した政僧

徳川家康は川越の喜多院で天海と出会ったときに、大そう感激して、側近の者たちにこう語ったと伝えられる。

「天海どのは、生き仏のようなお方である。なぜもっと早く天海どのに出会わなかったのか。大いに悔《く》やまれることだ」

この言葉は、喜多院を訪れた徳川家康が天海と二人で長い時間語り合ったあとに発せられたものだとある。家康は天海を政僧として召し抱え、天海の進言《しんげん》はすべて採用した。

天海は私利私欲を持たず、客観的に大局を見て徳川家のための政略をすすめた。

天海が喜多院の住職になったのが、関ヶ原合戦の前年（一五五九年）である点は興味深い。

このあと述べる明智光秀天海説をとってしまえば、家康が来るべき石田三成《いしだみつなり》との対決に備えて、天海を訪ねたことになる。明智光秀が握る人脈を味方に引き入れようとしたのだろう。

側近まで欺《あざむ》いて、天海（光秀）と初対面のふりをしたとすれば、家康はまさに狸親父《たぬきおやじ》である。

かなり後のことになるが、天海が三代将軍徳川家光に「長寿の秘訣」を聞かれたことがある。

その時に天海は、家光に次の二首の和歌を与えた。

「気は長く　勤めはかたく　色うすく　食は細くして　心ひろかれ」

「長命は　粗食正直　日湯陀羅尼《ひゆだらに》　おりおり御下風《ごかふう》　あそばさるべし」

一首目は、気を長く持ち、仕事はきっちりこなし、色事は控え目で、少食で、心をひろく持つようにという教えになる。この和歌は、健康法の本に引用されることもある。

「短気で怒りっぽい者は若死にする」などとよく言われる。だから天海は、「気を長く」と「心をひろく」という似たような戒《いまし》めを、わざわざ二つ上げたのであろう。

しかし、少食で色事を控えて、怒りを忘れて勤勉に過ごす生活を、楽しいと感じるかどうかは人それぞれであろう。

二首目は、少し下品なものである。粗食で、正直で、風呂に入り、僧尼《そうに》がお経をよむようにしっかり政務に励み、気が疲れたら、時々、屁でもしてリラックスしなさいというのである。

この二首目の和歌が、健康法として引用されることは、まずあるまい。

漢方は、人間の感情と内臓のはたらきとが密接な関連を持っているとする。だから過度の感情の起伏は、特定の内臓を傷つけると考えられた。

陰陽五行説《いんようごぎょうせつ》にたつ東洋医学に通じた天海は、心を広く、気を長く持つことが、臓器の保護につながると徳川家光に教えたのだ。

筑前国《ちくぜんのくに》名島《なじま》の大名小早川秀秋《こばやかわひであき》の動きが、関ヶ原合戦の勝敗を分けたといわれる。小早川秀秋は、石田三成が率いる西軍の一員として関ヶ原に出陣した。

ところが合戦のさなかに、秀秋は味方を裏切って徳川家康の東軍につき、西軍の大谷吉隆《おおたによしたか》の軍勢を攻撃した。これをきっかけに西軍から裏切者が次々に出て、石田三成、宇喜多秀家《うきたひでいえ》らの西軍の主力は、総崩れになった。

この小早川秀秋の寝返りを陰で演出したのが、天海と名乗っていた明智光秀ではないかという説がある。関ヶ原合戦のとき、小早川勢の総指揮をとったのが、小早川家の筆頭家老の稲葉《いなば》正成《まさなり》であった。

この稲葉正成は、明智光秀と深い縁をもつ。光秀の妹の子で、明智家の家老を務めた斎藤利《さいとうとし》三《みつ》という人物がいた。この利三は、光秀が最も信頼した勇将で、山崎の合戦の時には、明智勢の先陣としてめざましい活躍をした。

利三は山崎の合戦のあとで豊臣秀吉《とよとみひでよし》に処刑されたが、この斎藤利三の娘が春日局《かすがのつぼね》の名で知られる、お福《ふく》である。そして稲葉正成はお福の夫にあたる。

天海が稲葉正成を介して、小早川秀秋に徳川方につくようにはたらきかけたのだろうか。『関ヶ原合戦図屏風《かっせんずびょうぶ》』に、徳川家康の本陣《ほんじん》の斜め前方で使者の報告を聞く天海と戸田氏鉄《とだうじてつ》の姿がある。そこの使者は、小早川家との連絡にあたった者ではあるまいか。

稲葉正成は関ヶ原合戦のあとで、主君の小早川秀秋と衝突して小早川家を去った。しかしそのあとかれは徳川家に従い、二万石の譜代《ふだい》大名になった。関ヶ原の手柄を評価されたのだ。斎藤利三の娘の春日局も、天海の運動によって竹千代《たけちよ》（のちの徳川家光）の乳母《うば》になったとも考えられる。

天海に対する確かな記録は少ない。天海の弟子の胤海《いんかい》が、「天海は、自分の過去を一切語らなかった」と記している。胤海は、師匠は「いったん出家した以上は、俗人であった時のことを振り返るのは無意味だ」と考えていたらしいと言う。

徳川家の側にも、天海の前身に関する記録はない。それでも、あちこちに天海と明智光秀が同一人物であったことを暗示する事柄がある。天海の墓は、かつて明智光秀がいた坂本《さかもと》城の近くの慈眼堂《じげんどう》（大津市）につくられた。

歴史学者の本郷和人氏は、「天海は光秀だ」とする。それに対して磯田道史氏は、明智光秀天海説を否定している。私は、確実な文献はないが明智光秀が天海になった可能性は高いと考えている。食物研究者の永山久夫氏は、枸杞飯《くこめし》と納豆汁を「天海の百年食」と呼んだ。納豆菌という腸内細菌が健康に良いことは、よく知られている。そしてナス科の落葉低木である枸杞の実は、平安時代から不老長寿の薬とされていた。

漢方は、枸杞を「食べる目薬」といわれる視力低下の薬とする。枸杞は、肝臓、腎臓を補い滋養強壮、疲労回復の効果がある。

徳川家康の没後、天海は二代将軍秀忠《ひでただ》の命で家康の遺骸を日光《にっこう》に改葬した。また江戸の町づくりが進む中で、天海は江戸の東北の鬼門《きもん》の守りとして上野に寛永寺《かんえいじ》を創建し（一六二五年）、その開山となった。

これによって江戸城の東北の鬼門に浅草寺《せんそうじ》と寛永寺を置き、南西の裏鬼門を赤坂の日枝《ひえ》神社と芝の増上寺《ぞうじょうじ》が守る形がつくられた。

天海は徳川家の後援を得て比叡山《ひえいざん》の再興につくし、「天台宗《てんだいしゅう》中興の祖」とされた。また江戸の天台宗の中心である寛永寺は、「東叡山《とうえいざん》」と呼ばれ、そこに輪王寺宮《りんのうじのみや》の宮号を名乗る法親王《ほうしんのう》が派遣された。

天海は寛永寺内に経館を設けて、「大蔵経《だいぞうきょう》」の刊行事業に着手した（一六三七年）。その「大蔵経」六三二三巻は、天海没後に完成し（一六四八年）、「天海版」と呼ばれた。

天海は多くの功績を評価されて没後に朝廷から「慈眼大師《じげんだいし》」の号を贈られた。

白隠慧鶴《はくいんえかく》

享年八四（一六八五―一七六八）

［略歴］

白隠慧鶴は臨済宗《りんざいしゅう》中興の祖といわれる江戸時代なかばの高僧で、禅の教えによって多くの人の迷いを解決したい」と願った。「白隠禅師」の名で慕われる白隠慧鶴は、わかりやすい言葉で、「あるがままの自分を受け入れよ」と教えた。

白隠は駿河国《するがのくに》、原《はら》（沼津市）の生まれで、一六歳の時に近くの松蔭寺《しょういんじ》で出家《しゅっけ》した。このあと白隠は各地を巡り、多くの高僧の教えを受けた。

そして京都の近くの洞窟に住む白幽仙人《はくゆうせんにん》から、「内観《ないかん》の秘法」と呼ばれる呼吸法を中心とする健康法を授けられた。

このあとかれは、多くの者に禅の考えと健康法を教えた。

白隠は書や絵の名人としても知られ、多くの名作を残している。「健康」という言葉を広めたのも、白隠だといわれる。

呼吸を整える「内観法」で心の病を克服

白隠は、五歳の時にはじめて無常《むじょう》を感じたと、自著の『夜船閑話《やせんかんわ》』の中に記している。かれは一人で海岸に行き、雲が海の上を行き来しているのを見て、「すべての物は、移り変わっていく」と悟《さと》ったという。無常の世の中で、正しく生きる道を知りたいと願ったかれは出家して、ひたすら禅の修行に励んだ。白隠は高田《たかだ》（新潟県高田市）の英巌寺《えいがんじ》で修行していた二四歳の時に、一つの悟りにいたった。

すでに亡くなった中国の唐《とう》代の高僧巌顧《げんがん》和尚《おしょう》の死について思いをはせる中で、人の生死は、大した問題ではないと感じたのだ。

「私は、巌顔和尚の生き方から多くのものを学んだ。そうだとすれば和尚の死とは、目に見える現実世界の出来事にすぎない。〝空《くう》の世界〟つまり仏心の世界からみれば、人の生死は仮のもので、和尚の魂は亡くなっておらず生き生きと活躍している」

このような境地にいたった時に、白隠は人間の最大の苦しみであったはずの「死に対する恐れ」から解き放たれた。そして生きている時に、より多くの者の役に立ちたいと、前にも増して禅の修行に励むようになった。

当時、信濃国《しなののくに》の飯山《いいやま》（飯山市）に正受《せいじゅ》老人という高名な禅僧がいた。白隠はこの正受老人の教えを学び、周囲から「正受老人の後継者」と称えられた。

ところが白隠は二五歳の頃、正体のわからない病気にかかった。『夜船閑話』はそれを「心《しん》火逆上《かぎゃくじょう》」と記している。

「心火逆上」になると、頭が熱をもって、大そう痛いというのだ。それと共に足腰が冷え、両方の目から涙があふれ、耳鳴りがしたとある。

何かを考えようとすると「疲れてしまう」とも白隠は記している。勉強と修行の度が過ぎたために、白隠は心を病んだらしい。しかしかれは、自らの努力で、心身の不調を克服しようとした。

そのため白隠は、二六歳の時に京都の北白川《きたしらかわ》にいる健康法に通じた白幽《はくゆう》という老人を訪ねていった。しかし白幽は、かれが北白川訪れる一年前に亡くなっていた。

それでも白隠は白幽の弟子たちから「内観法《ないかんほう》」を学ぶことができた。このとき白隠は、「いまは亡き白幽の霊魂が、内観法に出会わせてくれた」と感じたに違いない。

白隠はこのあと、内観法を行なって心の病を克服した。そして生涯にわたって内観法を続け、長寿を得た。

内観法には幾《いく》つもの型があるが、ここではその中で最も平易だと思われる、寝転んで行なう瞑想法《めいそうほう》を紹介しよう。その手順は、次のようになる。

①寝具の上に、仰向けに寝て、全身の力を抜く。

②目を軽く閉じて、手足をのばして力を抜く。これに次いで胸部、腹部などの緊張を解いてくつろぐ（リラックスする）。

③体がくつろいだところで、へその下の気海《きかい》、丹田《たんでん》と、腰、脚、足の土踏まずに軽く力を入れる。へその下三センチメートルあたりが気海で、へその下五センチメートルのところが丹田になる。

④この後で、心の中で次の言葉を唱《とな》え、精神統一をはかる。

「我がこの気海、丹田、腰、脚、足、心、すべてこれ我が本来の面目《めんもく》。

面目、何の鼻孔《びこう》ある。

我がこの気海、丹田、すべてこれ我が本分の家郷《いえさと》、家郷何の消息かある。

我がこの気海、丹田、すべてにこれ唯心《ゆいしん》の浄土《じょうど》、浄土何の荘厳《そうごん》かある。

我がこの気海、丹田、すべてにこれ我が己身《おのれみ》の弥陀《みだ》、弥陀何の法《のり》を説く」

この言葉は、次のようなことを表している。

「私の体は、つねに良い物を取り入れる気持ちを抱く（鼻孔）、本来の自分自身である。

私の気海と丹田は、生死（消息）を超越した本来の私の故郷（家郷）である。

私の気海と丹田は、美しさに満ちた（荘厳）心の浄土である。

私の気海と丹田は、私自身を導く（法）私の阿弥陀仏である」

この内観法は、腹式呼吸を行ないつつ定められた言葉を心の中で唱えるものである。

『夜船閑話』には、正しい呼吸が出来れば、へその下は丸く弾力をもって、まるで瓢《ひさご》（ひょうたん）のようになるとある。

さらに内観法では、息を深く静かに吐くことが大切だとされる。息を吸って吐くのが呼吸だが、息を正しく吐くことが出来れば、吸う空気は自ずから入ってくるとされる。

日常生活には、怒りが抑えられなくなる場面が何度もある。そういった時に内観法の静かに吐く深呼吸を繰り返してみると良い。いつの間にか気持ちがおちつくはずだ。

白隠は四二歳の時に、庭のコオロギの音を聞いて真理に目覚めたという。禅によって自分だけが救われるのではなく、迷っている多くの者を導かねばならないという考えにいたったのだ。

このあと白隠は、諸方の求めに応じて日本の各地を巡り、説法をして、坐禅《ざぜん》を指導した。

おかげで多くの弟子が育ち、全国に広まった。そのため今日の臨済宗寺院の多くが、白隠の教えを受けた白隠禅の寺院となっている。

白隠は禅僧であっても、日本の神々をあつく信仰した。特に、天満宮《てんまんぐう》の熱心な信者であった。白隠は、「私たちの体には、八百万《やおよろず》の神が宿っている」という言葉も残している。かれは、日本の自然を整える大きな力を八百万の神と感じた。

人びとを生かす、肉、魚、野菜などの食物は、神からの授かり物といえる。さらに近年の科学で、人びとに健康をもたらす多様な腸内細菌のはたらきも明らかにされた。腸内細菌なども、自然物だ。

白隠の教えは、神仏習合の上にたつ、日本独自の思想と評価できる。白隠の内観法は、現代人のための健康法としても有益である。

白隠は心を整えれば、内臓病などの万病が治ると説いた。さらに健康に老いていく者は、若者にない老いの美を得ると教えた。

広瀬淡窓《ひろせたんそう》

享年七五（一七八二―一八五六）

［略歴］

広瀬淡窓は、江戸時代後期の儒学者の一人である。

かれは「敬天思想《けいてんしそう》」と呼ばれる独自の道徳を唱えた。しかしかれを世に知らしめたのは、淡窓の教育者としての事跡である。

淡窓は咸宜園《かんぎえん》という私塾を営み、四六〇〇人もの塾生を育てた。かれの門下生《もんかせい》に、高野《たかの》長英《ちょうえい》、大村益次郎《おおむらますじろう》らの優《すぐ》れた学究がいる。

淡窓は、日田《ひた》（日田市）の天領《てんりょう》の豪商の家に生まれた。かれは若い時から多病であったが、自分なりの健康法を実行して、七五歳の長寿を得た。

淡窓は、筑前《ちくぜん》の亀井南冥《かめいなんめい》、昭陽《しょうよう》父子の塾で学んだあと、独学で儒教の古典を読みすすめた。これによってかれはすべての人間は、天《てん》の恵みのもとにあるという確信を得た。このあと淡窓は私塾を開き、生涯にわたって自らの道徳を広める活動をした。

「善人は長寿に恵まれる」という信念

広瀬淡窓は、日田の豪商の子で実名を簡《ふみ》といった。日田は九州北部の交通の要地で、江戸時代には天領になっていた。淡窓は、号《ごう》である。

淡窓の父は、幕府の天領の御用商人を務める豪商であった。広瀬家の祖先は、武田信玄《たけだしんげん》の家臣であったと伝えられる。江戸時代前期に、武田の遺臣広瀬正直《まさなお》の孫、広瀬貞昌《さだまさ》が、博多から日田に移住し商家を起こした（一六七三年）という。このあと広瀬家は日田の代官所と各藩の公用事務を取り扱う御用商人となって繁栄した。

広瀬淡窓は早くから学問を好み、一六歳で福岡の亀井塾に入塾した（一七九七年）。しかし淡窓は、若い時から病弱であった。かれはのちに、「七歳から八歳まで病んでばかりいた」と語っている。

一〇歳を過ぎて少し丈夫になったが、一五歳からまた病気がちになった。そして一八歳の時の冬に大病にかかった。

このとき頭痛がひどく、一か月半にわたって吐き気、めまい、高熱などに苦しんだとある。

そのあたりのことは、淡窓自身の日記『懐旧楼筆記《かいきゅうろうひっき》』などに詳しく記されている。

この大病によって、淡窓は亀井塾での勉学をあきらめねばならなくなった。それでもかれの、人間の生き方の指針となる道徳を究めたいという思いは強い。そのためかれは独学で儒教の古典を読み解いていった。

ところが淡窓には、持病の眼病がある。そのためかれは『論語《ろんご》』、『孟子《もうし》』などの版本の註《ちゅう》の細かい文字を読まずに、古典の本文だけを手掛かりに思索をすすめていった。

こういったなかで、淡窓は一つの思いにいたった。そのためかれは『陰隲録《いんしつろく》』という書物をふまえた、自分の生涯にわたる戒めとなった次のような文章を記した。

「人の若死にと、長寿を決めるのは何か。『陰隲録』には、〝天は善人を幸福に導く〟とある。それならば、長寿を祈りつつ善行《ぜんこう》を積んで、年を重ねていきたい」

中国の明《みん》朝の儒学者遠了凡《えんりょうぼん》は『陰隲録』に、こう書いていた。

「不幸な境遇にある者は、善行を積んで運命を改善しよう。天が善行に応じた幸福をくれるからだ」

淡窓は大病を患《わずら》った翌年に、肥後《ひご》の倉重湊《くらしげみなと》という医師に出会った。湊は儒学にも通じていたが、淡窓の才能を見抜き、「かれが健康になれば多くの者を導くことができる」という直観を得た。

そのため倉重湊は、灸治療を中心とする医術で淡窓を救った。のちになって淡窓は、倉重湊との出会いを「天の恵み」と感じたのであろう。

しだいに健康になってきたので、広瀬淡窓は二四歳の時に私塾を開いた（一八〇五年）。最初は長福寺《ちょうふくじ》の学寮を借りた、ささやかな教室であった。

それでも淡窓の講義が丁寧《ていねい》でわかりやすかったおかげで淡窓の評判が高まり、しだいに塾生がふえていった。二年後に淡窓は桂林荘《けいりんそう》という私塾を新たにつくった。さらにその一〇年後には、桂林荘より大規模な私塾、咸宜園をひらいた。

この咸宜園で淡窓は、独自の「敬天思想」を広めていった。

「万人は天の恵みのもとにあり、善を行なうものは誰でも天の助けを得ることができる」

このような淡窓の教えは、誰にも快いものだった。

そこの「天」を「神」とおきかえれば、淡窓の考えは神道《しんとう》思想に近いものになる。淡窓は敬天思想に叶った生き方をするために、「一万善《いちまんぜん》を積もう」と決心した。

そのため淡窓は、『万善簿《ぼ》』という記録を採り始めた。善行を行なった日は日付の下に白丸（○）を、悪い行ないをした日の日付には黒丸（●）を記していったのだ。

淡窓の『万善簿』は二度、挫折して中断した。しかし五四歳の時に始めた『万善簿』の一万善は、一二年六か月を経た六七歳の時に達成された。

淡窓は次のような行為を善行とした。

○家族や親戚への思いやり。

○身を敬する（敬身）。

○知人との交際に心を尽くす。

○塾生の教育への工夫と配慮。

○慈善の行ない。

そして、かれはこのようなことを悪行とした。

●飲食が過ぎて病気になる。

●食べすぎと呑みすぎ。

●卵を食べるなどの生き物を殺す行為。

●人のために誠意を尽くさないこと。

●怒りや不満を抱えて人にあたること。

●淫《みだ》らな行ない。

●怠《なま》けること。

ここに挙げた悪行の中に、自分自身の健康を損なう行為が幾つも入っている点に注目したい。淡窓は、飲食を適切に保ち、良い人間関係を築き、よく働くように心掛けて生活していたのであろう。

現在の医学でも、人間関係のストレスや運動不足が健康を損なうことが明らかにされている。淡窓は虚弱な体質に生まれたが、禁欲的な生活を貫いて長寿を得た。『万善簿』の中に淡窓の自分を戒《いまし》めた次のような言葉がある。

「ものごとの滞《とどこお》りを整理すべし。身辺にものごとの滞りがなければ、ろくでもない思いが心に滞ることはない」

自分に課せられた物事を、後回しにせずに手際良く片付けていくと、余計な悩みを抱えることもないというのだ。勤勉な生活を送ることが健康につながると淡窓は考えたのだ。

淡窓は四四歳の時に大病を患うが、何とか回復した。ところが七三歳の時に持病が起こり、しだいに悪化していった。七五歳の時に淡窓は病気で講義を取り止め、まもなく亡くなった。

善行と養生につとめ、教育に全身全霊をかけた生涯であった。咸宜園は淡窓の没後も、後進によって続けられ、明治時代なかば（一八九六年）まで続いた。

牧《まき》野《の》富《とみ》太《た》郎《ろう》

享年九五（一八六二―一九五七）

［略歴］

明治から昭和期の植物学者、牧野富太郎は、土佐国《とさのくに》佐川《さがわ》村（現在の佐川町）の裕福な商家に生まれた。

かれは子供の時から植物に強い関心を持ち、珍しい植物を求めて山野を巡った。牧野は生涯をかけてまとめた『牧野植物図鑑』は植物学に欠かせない名著と評価されている。牧野は小学校を中退し、そのあと独学で植物研究を進めた。

牧野は一九歳の時に上京し、そのあと東京帝国大学の助手や講師を四〇年間務めた。かれは日本人としてはじめて新発見のヤマトグサに学名を与えたことでも知られる。そのあと牧野は一〇〇〇種の新種の植物と、一五〇〇種の新変種の植物に命名した。

牧野は自らを「草木の精」などと称した。かれは生涯で五〇万点余りの植物の標本を採集すると共に、植物に関する知識の普及にも努めた。

山野を歩き、トマトを食べて健康を保つ

牧野富太郎は、代々雑貨商と酒造業を営む商家の子として生まれた。「吾川《あがわ》の岸屋《きしや》」というかれの生家は、近郷に広く知られた苗字帯刀《みょうじたいとう》を許された豪商であった。

牧野は、はじめは成太郎《せいたろう》と名付けられたが、祖母に七歳の時に富太郎と改名させられた。

幼い時の富太郎（成太郎）は、身長が低く病気がちであった。かれは早く父母を亡くしたが、女手で岸屋を切り盛りする祖母に、慈《いつく》しんで育てられた。この祖母は富太郎の天賦《てんぷ》の才能を見抜き、のちに富太郎の植物研究を後援する。

一二歳のあたりから、富太郎は近郷に珍しい植物を採りに出掛けるようになった。かれは横《よこ》倉山《くらやま》を特に好み、何度も訪れた。横倉山は現在も「植物の宝庫」と呼ばれる山である。横倉山での知見が、牧野の植物学の基礎となったことは間違いない。

このあとかれは本草学《ほんそうがく》の本を何点も入手し、独学で植物研究をすすめた。そして一九歳の時に第二回内国博覧会の見物に上京した。このことをきっかけに、牧野の植物学は本格的なものになっていく。

この時の上京で、牧野は博物局の田中芳男《たなかよしお》らと出会う。さらにその三年後から、かれは東京大学理学部植物学教育に出入りするようになった。このあと牧野は最新の植物学を身に付けつつ、各地で植物採集を行なった。

二八歳の時に、牧野は思いもよらぬ発見をした。柳の実の標本を採ろうとして郊外の小岩を散策していたかれは、江戸川に近い水田の中の用水路で思いもよらぬものを見付けた。狸《たぬき》の尻尾《しっぽ》のような形の植物が、水に浮かんでいたのだ。それを採集して東京大学の谷田部《やたべ》教授に見せたところ、それがダーウィンの『食虫植物』に出てくるムジナモだとわかった。

ムジナモはそれまでヨーロッパ、インド、オーストラリアの一部だけで発見されていたが、牧野の報告で日本もムジナモの産地とされた。

ムジナモ発見の翌年、牧野は、それまでの植物採集の成果をふまえて『日本植物志図篇』を発表した（一八九一年）。これをきっかけに、牧野の植物学者としての名が知られるようになっていった。

牧野はそのあと六〇年余りをかけて、植物採集や植物図鑑の刊行を続けていく。かれの健康法や、その生き方見ていこう。

牧野にとっては、植物学がすべてであった。かれはそのことを、「私は植物と心中する男である」とか「私の恋人は植物である」とか表現した。多少非常識のように思える言葉である。しかしそれらの言葉どおりに、牧野は世間的なことにあまり関心をもたず、植物研究のためにすべてを捧げた。

東京帝国大学の助手の頃、収入が月一五円（一五万円ほど）の牧野が、二〇〇〇円の借金をしたという話もある。破天荒《はてんこう》な生活をしていた牧野であるが、なぜか健康にだけは恵まれた生涯をおくった。

かれは成人したあと、大きな病気をしなかった。七四歳の牧野は、このように語っていた。「私は現在七四歳です。でも老眼でもなく、血圧も青年のように低い。動脈硬化の心配もない。医者の言葉では、もう三〇年もこの生命は許されるとのことです。酒や煙草をのまなかったことの幸福を、いましみじみと喜んでおります」

八〇歳を過ぎると、牧野は時々病気をするようになった。かれは狭心症を二回、脳エンポリー二回、大腸カタル、肺炎にかかったが、いずれも回復した。九〇歳を過ぎて牧野は、耳が遠くなったが、老眼鏡を用いずに書物を読めた。自ら細かい字を書き、植物の写生もした。植物学に関するかれの記憶も、全く衰えなかった。

牧野は自分の健康に自信を持っており、日頃から周囲の者に「必ず長生きして仕事をする」

と言っていた。七〇歳の時に牧野は、「後《あと》三十年」という一文を記した。

植物を求めて山野を巡る大自然を友とする生活が、牧野に長寿をもたらしたと考えられる。

「遠くの緑（山野）を見ると目に良い」とよく言われるが、牧野の視力は、緑の中の生活のおかげで衰えなかったのだ。

牧野は少食で、好き嫌いはなく、何でも食べた。それと共にかれは、当時としては珍しいトマトを健康食として好んだ。

牧野の食卓には、毎食トマトが欠かせなかったという。現在では、トマトに含まれるリコピンに老化防止の効果があると言われている。またトマトは、脂肪の消化を助けるビタミンB6も含有している。油濃い料理とトマトは、相性が良い。牧野は、肉料理を好んでいたという。

牧野は自伝の中で、こういったことを記した。「私の健康は、山野を歩く生活からつくられた。私を山野に誘《いざな》ってくれた草木が、無上《むじょう》の幸福である元気をくれたのだ」

山歩きによる森林浴でマイナスイオンを吸えたことも、牧野の長寿につながったとみてよい。

長寿医学の糸川欽也《いとかわきんや》氏はかれを評してこう言う。牧野富太郎の身体を見ると、「強固な精神力が老いた肉体を引っぱたいて、常に活力をあたえているが如《ごと》き感がする」

牧野は凝《こ》り性で、生涯をかけて至高の植物学を求め続けた。それと共に特に意識せずに、運動の面や食事の面などで体に良い生活を送っていた。おかげで、かれは九〇歳を超える長寿を得た。しかしすべてを捨てて植物の探求に生涯をかける牧野を、変人、奇人として避ける者も多くいた。

しかしもう一方では、凡人では到達できない植物研究の高みに達した牧野の功績を評価する人びともみられた。東京帝国大学で牧野は講師止まりだったが、八九歳の時に、日本学士会員に推薦された（一九五〇年）。

さらにその三年後に牧野は、政治家の尾崎行雄《おざきゆきお》と共に東京都の名誉市民とされた。九三回目の誕生日を迎えてまもなく、牧野は風邪から肺炎を起こした。このあと体調が思わしくない情況が続き、昭和三二年（一九五七）はじめになって、牧野は腎臓炎により亡くなった。

牧野は、意欲的に植物のことを学ぶ会を開いた。そこでかれは、誰にでも丁寧に植物学の面白さを語った。今でも「子供の頃に、牧野の植物の話を聞いた」という者があちこちにいる。

第二章

医術で自らも長寿を極める

杉田玄白《すぎたげんぱく》

享年八五（一七三三—一八一七）

［略歴］

杉田玄白（本名・杉田翼《たすく》）は『解体新書《かいたいしんしょ》』で有名な江戸時代を代表する洋学者である。

玄白は小浜《おばま》藩主酒井《さかい》家の江戸下屋敷で生まれた。かれの先祖は近江源氏佐々木《おうみげんじささき》家の流れをくむ武家であった。そして玄白の祖父は蘭方医《らんぽうい》やオランダ語通詞《つうし》から蘭学《らんがく》や医学を学び、武士身分の医家として杉田家を興《おこ》した人物だ。玄白が生まれる三十年前にかれの父は小浜藩医になっていた。玄白は父の仕事のため八歳から十三歳までの間だけ小浜に住んだが、それ以外は江戸勤めの父とともに江戸で暮らした。おかげでかれは学問を始める幼少期と十四歳からの青年期以降に、大都市・江戸で最新の朱子学《しゅしがく》や蘭学・医学を身に付けることができた。青年期の玄白は朱子学者の荻生徂徠《おぎゅうそらい》の兵書《へいしょ》に触れ、そこから人間の体の仕組みを摑《つか》んで治療を行なう西洋医学にひかれた。のちに玄白は幕府の奥医師・西玄哲《にしげんてつ》に蘭方外科を学んだ。おかげで玄白は、江戸一の蘭方医と呼ばれるようになった。

七つの健康ルールで九つの幸せを手に入れる

江戸時代としては長命な八十五歳まで生きた杉田玄白には、健康の七つのルールがあった。

○昨日の事は恨まない、悔やまない。
○明日の事は悩まない。
○飲み過ぎない、食べ過ぎない。
○腐ったり傷んだりした食べ物は食べない。
○何でもない時に薬を飲まない。
○元気でもむやみに寝所で精気を費やさない。
○体を動かさずに怠ける事を好まない。

玄白はこの七つのルール、つまり健康のための七つの不可事《ふかじ》を、古希《こき》を迎える前年に『養生《ようじょう》七不可』という刷物に簡易な言葉でまとめて、知人に配っている。

多病がちで、早くから実母、養母、兄といった近しい人を亡くしてきた玄白は、健康に気を使ってきた。かれはその成果を『養生七不可』にまとめて、知人らに広めたのだ。

この『養生七不可』からみて、素食と適度な運動が玄白に長寿をもたらしたようだ。

さらに玄白は、「病気はなるべく自分自身の摂生《せっせい》で治せ」という考えの持ち主であった。後輩の医者にあてた玄白の書簡が残っているが、その中に次のような記述がある。

「ある患者の診察についての御相談の手紙を頂戴しました。そこの見立ては良いが、治療法が大袈裟《おおげさ》です。手当ては、ほどほどにしなさい」

若き日の玄白は、二十一歳で父の後を継いで小浜藩医となった。藩医の給与は、三十人扶持《ぶち》で、年五十石《こく》程の収入となる。現在の金額なら年収一〇八〇万円程だ。藩医の仕事を無難にこなすだけでも、豊かな生活は送れた。しかしかれは医学を究《きわ》めようと熱心に勉学に励み、机上《きじょう》の学問だけでなく、実地で得る経験も重んじた。

そうしてオランダ通詞や洋学者たちと交流する中で、三十代になっていた玄白は人体の構造を詳しく記したオランダの『ターヘル・アナトミア』に出会った。蘭方医らと解剖《かいぼう》を見学したとき、オランダ医学の内臓の図表が正確であると確認すると、玄白を中心とした蘭方医たちは『ターヘル・アナトミア』の日本語訳に着手した。玄白が完成をあまりに急ぐので、翻訳仲間で一回り以上年下の二十代前半の若手達に笑われた。しかし多病がちな玄白は、日本人の平均寿命を考えても、三十代後半の自分が長い事時間をかけていては翻訳を完成できないと焦《あせ》っていた。苦労を重ね、四年後に翻訳は『解体新書』全五巻として完成した。『解体新書』はひろく読まれ、日本における西洋医学の発展に大きく貢献した。

『解体新書』出版のとき、玄白は四十二歳になっていた。現代では壮年期だが、江戸時代の日本人の平均寿命としては晩年ともいえる年齢である。

しかし医学者としての玄白の仕事は、更に進展していく。「天真楼《てんしんろう》」という医学塾を営み、多くの洋学者、蘭方医を育てた。また「病論会《びょうろんかい》」という勉強会の中心人物として、同時代の主だった洋学者との交流・研鑽《けんさん》を重ねた。

玄白の残した『鷧斎日記《いさいにっき》』という日記の中から享和《きょうわ》三年（一八〇二）の部分を見ると、古希の前年にも関わらず、玄白が忙しく過ごしていた有り様がわかる。藩医として若狭《わかさ》藩の江戸屋敷に出仕し、月一回病論会に出た上で、一年間に五五七か所に往診していたのだ。多くの仕事をこなしていたおかげで、かれの年収は現代の価値に換算して平均七千万〜八千万円程度になっていた。しかしこの高収入も、主に高額な洋書の購入や、学問の研究などの出費で消えていった。

玄白はただのワーカホリックではない。仕事に打ち込みつつ、健康に気を付け、多様な趣味を楽しんだ。連歌《れんが》、漢詩、和歌、俳諧《はいかい》を学ぶと共に、洋風画家に絵を習った。かれは健康のための七つのルールを守り続け、長寿への道を歩んだ。

そんな玄白も、八十四歳の時に記した『耄耋独語《おいぼれのひとりごと》』では、身体のあらゆる箇所の不自由な事、辛《つら》い事を丹念に書き連ねている。目、耳、歯が衰え、呑み込むのも排泄にも苦労していた。認知症では無かったが、年相応の物忘れに苦心した。

長寿ゆえに、親しい人を見送り寂しい思いをもした。とうとう長寿にそれなりの老いの苦しみがあると思い、寿命の長短に意味を感じなくなっていたようだ。だから玄白は「百ゐても同じ浮き世に　同じ花　月はまんまる　雪は真白」という当世の狂歌《きょうか》に納得していた。

とはいえ、長寿でありながら日に十キロは歩ける玄白を知る多くの人は、かれを「幸《さち》に幸を重ねる人」と、褒《ほ》めたたえた。玄白は自分の幸を数えると九つになる言い、古希の頃から「九幸翁《きゅうこうおう》」の号《ごう》を使っていた。「九つの幸せ」とは次の九項目である。
○泰平《たいへい》に生まれ、
○都下《とか》に長じ、
○貴賤《きせん》と交わり、
○長寿を保ち、
○禄《ろく》を食《は》み、

○いまだ全く貧《ひん》ならず、
○四海《しかい》に名あり、
○子孫多く、
○老いて益《なす》ます壮《そう》なり

泰平の江戸で生まれ育ったことは歴史的には恵まれているが、同時代の江戸市民には共通する事である。様々な身分の友人を貴賤問わずに付き合えたのは玄白の真面目な人柄に拠《よ》るものであろう。禄を食み、貧ならず、四海に名があるのは、勤勉に仕事に励んだ結果で、長寿と壮は多病でありながら摂生と養生に努めた成果だろう。

子孫はいるが、先妻との長男を亡くしており、跡継ぎは娘婿《むすめむこ》に選んだ弟子・杉田伯元《はくげん》であった。後妻との間には杉田立卿《りゅうけい》という息子もいた。しかし玄白から見たかれの医師としての天分が不十分であったため、自分の跡を継がせずに眼科の別家《べっけ》を立てさせた。玄白はそれらのことも含めて子孫にも恵まれたと思える人物だったのである。

かれの人生を現代的にいえば、都会で生まれ育ち、勤勉に労働に励んで高学歴の高収入、健康オタクで多趣味といえようか。多病でありながらバイタリティ溢《あふ》れる生き方をした玄白は、精神面でも健康であったと評価できる。

丹波康頼《たんばのやすより》

享年八四（九一二―九九五）

［略歴］

丹波康頼は、平安なかばの宮廷に仕えた医師である。かれは、丹波国天田郡《たんばのくにあまだぐん》（京都府福知山市）の中流豪族の出であった。康頼は、成長したあと医師としての知識と手腕を評価されて京都に召し出された。

かれは最初は、針灸《しんきゅう》を扱う鍼《はり》博士に任命された。そのあと康頼は、漢方薬の調合にあたる医博士も兼ねた。さらに従五位上の位階を授かり、名誉職のような形の左衛門佐《さえもんのすけ》と丹波介にもなった。

そのような経歴をもつ康頼は、中国の隋《ずい》代、唐《とう》代の医学などを集成した『医心方《いしんぽう》』三〇巻の大著をまとめて朝廷に献上した。

丹波康頼の成果を受け継ぐ形で、このあとかれの子孫の丹波氏が和気《わけ》氏と並ぶ朝廷の医家として続くことになった。

自ら編集した『医心方』で長寿を証明

丹波康頼の私生活について記した確かな文献は、残っていない。しかしかれが編纂した『医心方』がある。その内容からみて、丹波康頼が「不世出の天才」と呼ぶべき医家であったことが窺《うかが》える。

康頼は、「平安時代最大の医学者」と呼ぶべき人物であった。

丹波康頼は、丹波史《ふひと》の流れをひく人物だと考えられている。丹波史は、東漢氏《やまとのあやうじ》の支流にあたる。東漢氏は、五世紀末頃に日本に来た、渡来系の豪族である。

東漢氏はのちに、自分たちは中国の後漢《ごかん》の王族の子孫だと唱えた。しかし実際には、かれらは朝鮮半島南端の加耶《かや》の地域にあった小国の一つである安羅国《あらのくに》から移住してきたらしい。

漢氏の嫡流《ちゃくりゅう》には、大和《やまと》を本拠とする東漢氏と河内《かわち》を本拠とする西漢《かわちのあや》氏の二つの流れがある。漢氏は多くの氏《うじ》に分かれたが、東漢氏などの有力なものは直《あたい》の姓《かばね》を称した。これに対して地方に下った漢氏の庶流《しょりゅう》の氏の多くは、値より格下の首《おびと》や史の姓を名乗った。

丹波康頼は、地方で文筆の職務に従事した中流豪族の子孫であった。しかしかれは独学で医術を身に付け、国司《こくし》の推薦によって、中央の鍼博士の官職についた。

このあと朝廷で、かれの医術の手腕が評価されていったと考えられる。その間に丹波康頼は、朝廷が所蔵する医学書を読み漁《あさ》った。

そしてかれの学識を評価する天皇の命をうけて、「医術の百科事典」と呼ぶべき『医心方』を編纂した。

完成した『医心方』は、円融《えんゆう》上皇に献上された（九八四年）。

『医心方』献上の時に、康頼は、従五位下鍼博士兼丹波介であった。

これ以前に、康頼は宿禰《すくね》の姓を授けられていた。七世紀末に天武《てんむ》天皇が、姓の制度を整理していた。そのため東漢氏の流れをひく有力な豪族は、これ以前に連《むらじ》、ついで宿禰の姓を授かっていた。

丹波康頼は、医術の知識を評価されて、東漢氏の主流である坂上《さかのうえの》宿禰などと同列におかれたのだ。

この時代の貴族の多くは、真人《まひと》、朝臣《あそん》、宿禰の姓を称していた。丹波氏は貴族社会の一員とされることになったのだ。

『医心方』を献上したあと、丹波康頼は医博士となり、従五位上左衛門佐に昇進したという。

康頼は医博士を本来の職務としたながら、名目的な名誉職としての左衛門佐の地位を与えられたらしい。

丹波康頼の『医心方』の中には、幅広い知識が詰め込まれていた。『医心方』には、中国の隋代と唐代の医学書を多く引用されていた。

しかしそれだけではなく、『医心方』には紀元前以後の中国医学の知識や、古代オリエントと古代インドの医術の文献が盛り込まれていた。

釈尊《しゃくそん》（紀元前五六三—四八三頃、諸説あり）に仕えたと伝えられる医者の耆婆《ぎば》（ジーバカ）の知見も、漢訳仏典の形で『医心方』に盛り込まれた。釈尊が生きた紀元前五・六世紀のインド医学の知識まで、『医心方』を介して日本の貴族社会に広まることになったのである。

丹波康頼が、医師としての心構えを重視している点に注目しておきたい。『医心方』のはじめの方で、范世英《はんせいえい》の『千金方《せんきんほう》』の次のような文章が引用されている。

『千金方』は中国の隋代の医学書だが、すでに散逸《さんいつ》して現存していないものだ。

「張湛《ちょうたん》は、次のように言っている。

『病気や事故にあって救いを求める者がやって来た時には、分け隔てなしに患者を救わねばならない。

相手が身分の高い者か低い者かとか、金持ちであるのか貧乏人であるのかといったことを考えてはならない。

また、相手の年齢や美醜、恨みのある者か恩を受けた者かといったことも、気に掛けないようにせよ。善人でも悪人でも、中国の者でも蛮族の者でも、分け隔てなくせよ。愚者か智者かも問題にするな。すべての者を差別せず、親が子を想うような愛《いつく》しみをもって治療にあたるのが医者である』」

丹波康頼は、張湛のこの文章を引用して、病気やけがに苦しむすべての者を救うのが医者のつとめだという。

さらにこのあとで康頼は、『千金方』の中の張湛の「患者が苦悩するのを見て、その苦悩が自分のものであるかのように、心の底からいたましく思え」という言葉を挙《あ》げる。

丹波康頼は、まず自分の考える医師としてあるべき姿について示した。その上で、多様な病気とその治療法を記した文献をあげていった。

『医心方』が挙げる張湛については、二つの説がある。一つは後漢代の張湛とするものである。かれの字《あざな》（通称）は子孝《しこう》である。もう一つは、北魏《ほくぎ》（南北朝時代）の子然《しぜん》の字を持つ人物にあてるものである。

『医心方』に記された東洋医学の治療法の中で、現代でも通用するものもかなりある。しかし『医心方』には、「服石《ふくせき》」のような危険な処方もみられる。

服石は玉石や鉱物を治療薬として用いるものである。服石に使われる鉱物の中には、丹砂《たんしゃ》（硫化水銀）、鉛丹《えんたん》（硫化鉛）のような毒性のつよいものもある。

平安時代にあって、八〇歳を超える寿命に恵まれる者は稀《まれ》であった。丹波康頼は自らまとめた『医心方』に拠《よ》った東洋医学の健康法を実践して健康を保ったのであろう。

そのおかげでかれは、長寿に恵まれた。そして康頼が長生きしたことによって、『医心方』の評価が高まったとみられる。

『医心方』は、皇室で長期にわたって秘蔵された。しかしその記述は、さまざまな形で貴族層に知られることになった。

関白を務めた藤原頼通《ふじわらのよりみち》は、『医心方』の内容を知っていたらしい。

また貝原益軒《かいばらえきけん》が、『医心方』の健康法についてある程度知っていたとする説もある。

土生玄碩《はぶげんせき》

享年八七（一七六二—一八四八）

［略歴］

土生玄碩は江戸時代後期の高名な眼科医で、目の治療に一生を捧げた名医である。玄碩は安芸国《あきのくに》の眼科医の子で、本名を義寿《よしとし》といった。かれは父の後を嗣《つ》ぐために、京都と大坂で学んで故郷に帰って開業した。しかし従来の漢方の医術に疑問をもった玄碩は、あらためて大坂に出て、蘭方医の三井元孺《みついがんじゅ》と高充国《こうあつくに》のもとで、西洋医学を身につけた。

これによって、眼科手術も始めたかれは故郷で高い評価を受け、広島藩に藩医として招かれた。さらにかれは、一一代将軍徳川家斉《とくがわいえなり》の侍医《じい》となった。

このあと玄碩はシーボルトの教えを受け、革新的な白内障の手術を行なった。しかしシーボルト事件が起こると玄碩も処罰の対象になった

しかしかれは一〇年ほど入獄したのちに、再び眼科を開業して、独自の手術で多くの患者を救った。

シーボルトに手術法を教わり眼病を治す

土生玄碩は、代々眼科医を営む家に生まれた。かれは探求心が旺盛な人物であった。玄碩が生きた江戸時代後期は現代ほど衛生の観念が普及していなかった。

そのため、さまざまな細菌に感染して眼病になる者も多かった。町のあちこちで、盲目の者を見かける時代であったのだ。だから眼科は繁昌し、それなりの収入があった。しかし眼病に苦しみ、時には盲目になってしまう患者に接するうちに、玄碩は「より高度な医術を身に付けて、患者を救いたい」と願うようになった。

玄碩は、まず京都と大坂で、眼科の漢方医術を学んだ。しかし、かれが満足できるほどの知識は得られなかった。

この間に玄碩は腑分《ふわ》け（解剖）に加わり、眼球の解剖の機会を得た。これが、日本で最初の眼球の解剖だと評価されている。この時の知見はすぐには役に立たなかったが、玄碩は眼球の構造を知ったことで、のちに自信を持って眼の外科手術に当たることになった。

しばらく故郷で眼科を営んだあと、玄碩は縁あって大坂で西洋医術を教わる機会を得た。そしてこのときの西洋医術をふまえて、玄碩は大坂で手術による眼病の治療を始めた。

まもなく、玄碩の名医としての評価が高まった。多くの患者が集まったことにより、玄碩は大そう裕福な医者になった。

玄碩は四二歳の時に、安芸藩に藩医として招かれた（一八〇三年）。その五年後に、藩主の浅野重晟《あさのしげあきら》の娘の教姫《のりひめ》が重い眼病にかかった。

教姫が江戸にいたため、玄碩が江戸に送られることになった。このとき教姫は、玄碩の手術ですみやかに回復した。玄碩はこのあと江戸に残り眼科を開業しつつ藩医を務めることになった。

それからまもなく、玄碩の評判を聞いた幕府が、玄碩を将軍の侍医に迎えることになった。玄碩はこれ以前に、数十人の盲目の人間に手術を施《ほどこ》して、光を取り戻させていた。そのためかれは江戸で「神医《しんい》」と呼ばれていた。

玄碩は蓄財にも長じていた。かれは多勢の患者がもたらした治療費を、畳の上に積み上げていた。治療費の紙包みがひとまとめになると、それをまとめて長持ちに入れて、保管した。

そして玄碩は折をみて、長持ちの金の包み紙をはがして家の用途にあて、金銀はまとめて樽《たる》に入れて地中に埋めていたといわれる。

玄碩は日頃から、「何につけても金が第一だ」と語っていた。しかしかれが、治療で貯めた金を無駄づかいしたわけではない。

玄碩は、人びとが金で動くことを知りぬいていた。そして、金の苦労が、心身に負担をかけて寿命を縮めることも十分に理解していた。

そのため玄碩は、将来の災厄に備えてひたすら金を貯めていたと評価できる。

そのあと、かれに大金を必要とする事態が訪れることになった。

土生玄碩は、江戸に出たあとも西洋医術に強い関心をもち、杉田玄白らの洋学者と親交をもっていた。そういったなかで、長崎のオランダ商館に、シーボルトという幅広い知識を持った医師がいるという話が伝わってきた。

このシーボルトが、オランダ商館長の江戸参府《さんぷ》に従って江戸に来ることになった（一八二六年）。オランダ商館長が、四年に一度江戸城で将軍を訪れ、世界情勢などを報告していたのだ。

シーボルトは、江戸への旅行での自分自身の見聞《けんぶん》を『江戸参府紀行』として記録している。

このシーボルトが江戸城で眼の手術について講義したときに、幕府の侍医が立ち合った（一八二六年四月二〇日）。『江戸参府紀行』には、その五日後の出来事として次のような記述がある。

「将軍の侍医、とくに眼科医の訪問を受ける」

ここに記された「眼科医」は当時六五歳の土生玄碩であったと考えられる。シーボルトは侍医たちの目の前で、ベラドンナという薬草を用いて瞳孔《どうこう》をひろげる実験を行なった。『江戸参府紀行』には、そのときに「そのいちじるしい効能に大喝采《だいかっさい》を博した」とある。

瞳孔を薬品で広げておけば、眼の外科手術が容易になる。土生玄碩は、何としてもシーボルトが見せた秘法を身に付けたいと思った。土生玄碩の弟子の水野善慶《みずのぜんけい》が、師匠の言葉を集めて編んだ『師談録《しだんろく》』には、次のようなことが書かれている。

「瞳孔を広げる『一奇法』をシーボルトに問うても、教えてくれなかった。そのため、あらゆる手を尽くしてかれの機嫌をとり、ようやく薬の名を教えてもらった。

しかしオランダ語の薬品名が何か分からない。そこでシーボルトに『その薬は我が国にあるか』と聞くと、相手は小冊子を示して尾張《おわり》の宮《みや》（名古屋市熱田《あつた》）にあるという。

シーボルトは、長崎から江戸に来る途中の宮の路傍《ろぼう》で、その草を見たと言った」

このとき土生玄碩は、シーボルトに将軍から授けられた葵《あおい》の御紋《ごもん》付きの外套《がいとう》を与えた。

シーボルトが見付けたのは、ハシリドコロという野草であった。しかしハシリドコロにも、ベラドンナと同じ作用があった。そのため土生玄碩はこのあと、ハシリドコロを用いて白内障の手術を行ない、多くの患者を救った。

土生玄碩がシーボルトと出会った二年後に、シーボルト事件（一八二八年）が起こった。日本地図を持ち出そうとしたシーボルトが、日本から追放された事件である。このときシーボルトに紋服を贈った玄碩も、処罰の対象となった。財産を没収されて、獄《ごく》に送られたのだ。入牢《にゅうろう》の前に土生玄碩は、油樽二個に詰めた金銀を隠し、家族の生活費と在牢中の賄賂《わいろ》にあてた。玄碩は牢の中で養生につとめ、八三歳で無事に赦免《しゃめん》された（一八四三年）。

このあと土生玄碩は、深川《ふかがわ》で再び医業を再開した。そうすると多くの者が玄碩の治療を求めて列をなした。玄碩は医業を再開した五年後に没した。かれは、当時としては、異例の長寿に恵まれたことになる。

土生玄碩自身が、独自の健康法を行なったわけではない。かれは主に若い時から身に付けていた漢方の養生法を用いて、老年まで健康を保ったのだろう。

それと共に、人びとを眼病から救いたいという思いが、かれに長命をもたらしたと評価できる。ハシリドコロを用いた治療法を身に付けたのも、金儲けのためではなく、患者を救いたいとする気持ちからくるものであったろう。

北里柴三郎《きたざとしばさぶろう》

享年七九（一八五二―一九三一）

［略歴］

北里柴三郎は、明治から昭和初期に日本近代医学の発展を主導した医学の研究者である。

かれはドイツに留学し、ベルリン大学のコッホ博士のもとで、細菌学を身に付けた。そのあとかれは、破傷風菌《はしょうふう》、ペスト菌などの研究で大きな成果を上げた。

北里は、日本で最初の伝染病研究所を創設し、感染症の予防や治療に大きな成果を上げた。それと共にかれは、医学界の発展に尽くし、多くの後進を育てた。

伝染病研究所が文部省に召し上げられたあと、北里は北里研究所を設立し、慶應義塾大学医学部の再興や日本医師会の創立にも関与した。

北里はきわめて健康で、高齢で急死する直前まで病気とは無縁の生活を送った。かれは酒豪で美食家としても知られた。

細菌を扱う生活の中で健康を全う

北里柴三郎は肥後《ひご》の生まれで、母方の武士の血をひいたことにより、負けず嫌いで豪胆《ごうたん》な少年に育ったという。かれは子供の時に、政治家か軍人を目指していた。

そのためには学問が必要と考えた柴三郎は、一八歳で熊本に出て、まず藩校の時習館《じしゅうかん》で学んだ。ところが時習館がまもなく廃校になったために、かれは縁あって、一九歳の時に古城《ふるしろ》医学校に入学することになった（一八七一年）。

じつは北里柴三郎は、前々から周囲の人びとに「医者と坊主にだけは成りたくない」と語っていた。医学校は、医師養成のための学校のはずであった。

ところが熊本医学校で北里が師事したマンスフェルトは、優れた医師であると共に最新の科学と医学に通じた人物であった。マンスフェルトは医学校の病院で多くの患者を分け隔てなく治療して人びとに尊敬された。

それと共にマンスフェルトは医学生に医学の他に博物学、地理学、物理学などの幅広い学問を教えた。さらにかれは、人びとが病気に罹《かか》らないようにする社会の仕組みを作る公衆衛生の重要性を説いた。

　このようなマンスフェルトの教育の中で、北里柴三郎はしだいに医学への関心を持ちはじめた。そして、はじめて顕微鏡で細菌を見たことをきっかけに、柴三郎は本気で医学研究に取り組む決意をした。

　個々の患者を治療する医師ではなく、医学知識を用いて公衆衛生を実現したいと考えたのだ。また柴三郎は医学校で得た知識に従って自分の健康管理に力を入れるようになったと思われる。

　北里はこの後で東京大学医学部を卒業した。そして三四歳の時にドイツに留学し、細菌学者コッホに師事した（一八八六年）。コッホの下で六年間研究したのちに、北里は帰国した（一八九二年）。まもなく北里はその年に設立された伝染病研究所の所長に就任した。

　北里が伝染病研究の必要性を説いたところ、福沢諭吉《ふくざわゆきち》が自前の研究所を寄付すると言い出したのだ。北里がその時、福沢先生の恩誼《おんぎ》に答えるべく研究所の設立に邁進《まいしん》しますと言うと、福沢は豪快にこう言い放った。

「恩返しの必要はない。これは俺の道楽さ。お前さんの仕事で万民を幸せにしてくれれば、それで良いんだよ」

　北里は伝染病研究所で、多くの細菌研究の成果を上げた。そういった中で、香港でペストが発生する事件が起きた（一八九四年）。このとき北里は政府調査団の一員として香港に派遣された。

まもなく北里は、感染者の死骸からペスト菌を発見した。ところがそれとほぼ同じ頃、フランスのパスツール研究所のエルサンもペスト菌を見付けていた。そのため、北里とエルサンがペスト菌発見の栄誉を分け合うことになった。

日本の伝染病研究を指導した北里の次のような興味深い言葉が幾つか残っている。

「細菌学者は、国民にとっての命の杖《つえ》とならなければならない」

「研究だけをやっていたのではダメだ。それをどうやって世の中に役立てるかを考えよ」

「医者の使命は、病気を予防することにある」

こういった言葉を見ると、北里が自分の名誉のためではなく、日本人全体を感染症から救いたいという信念のもとに、研究に励んでいたありさまがわかる。

北里は、病気の予防に細心の注意をはらっていた。医学の研究者は、「十分注意して扱えば細菌もウイルスも怖くないこと」を、経験でつかんでいるらしい。

北里が六二歳になった時に、伝研移管騒動が起こった（一九一四年）。内閣の意向で、伝染病研究所が内務省に移管されたのである。

そのことに不満をもった所長の北里は、辞表を提出した。北里は退任の挨拶の中で、

「苦難に耐えるのが、男子というものだ」

と語った。それを聞いた多くの職員が号泣した。

あれこれの経緯があったのちに、伝染病研究所は東京帝国大学に移管された。そして北里の才能を惜しむ有力者たちの後援によって、北里研究所が設立されることになった。

北里研究所は、伝染病研究所に近い白金三光町《しろかねさんこうちょう》につくられた。北里がそこの所長を務め、北島多一《きたじまたいち》、志賀潔《しがきよし》らの優秀な研究者が北里の下で勤務した。志賀潔は赤痢菌《せきりきん》を発見した（一八九七年）ことで知られる。

北里研究所の創設のあと、北里は活動の場を政治的分野へと移していった。かれは六三歳で済生会《さいせいかい》芝病院長に就任した。さらに六五歳の時には慶應義塾大学部医学科学長（のちの医学部長）となった。四学部に大学院を付設した。慶應義塾大学が発足したためである。

そして慶應義塾大学発足の年に、北里は貴族院議員に任命された（一九一七年）。

さらにその六年後に日本医師会が設立され、北里はそこの初代会長となった。さらにその翌年に、北里は男爵《だんしゃく》の爵位を授けられた。一介の研究者が一代で華族《かぞく》にまで昇りつめたのである。

北里柴三郎は、生まれつき頑健《がんけん》で、病気とは無縁の生活を送っていたという。かれは酒と美

食をこよなく愛した。

北里は病気の予防に気を配ったおかげで晩年まで元気で、健康のために毎日、散歩を欠かさなかった。北里は血色は良いが、でっぷり肥えた体型をしていたとある。

また北里は怒りっぽく、しばしば部下を叱りつけていたと言われる。かれが、高血圧であった可能性は高い。しかし高血圧でも、感染症などを患《わずら》わずに長生きできる場合もある。北里は七六歳で、慶應義塾大学の職を辞した。そしてその二年後にかれは、自宅で急死した。

北里は、その前日に慶應義塾大学の歯科に歩いて行くほど元気だった。歯科でかれは、普段とかわらない様子だった。ところがその次の日の早朝に北里は亡くなった。

北里は妹と同居していた。その妹が、明け方に寝室で物音がしたので見に行くと、兄が寝床の側に倒れていた。すでに息は止まっていた。死に顔は、穏やかだったという。北里の死因は、脳溢血《のういっけつ》だとされた。高血圧によるものだろう。

日本の近代医学を主導した偉人は、大病に苦しむことなく旅立ったのだ。

第三章

老人の生き方に長寿を見出す

貝原益軒《かいばらえきけん》

享年八五（一六三〇―一七一四）

［略歴］

貝原益軒は、江戸時代前期の儒学者《じゅがく》、博物学者で、多くの分野で名を残した。かれは、学問好きの努力家であった。そのうえ天才的なひらめきを持っていた。

福岡藩士の子として生まれた貝原益軒は、一八歳の時から七〇歳で隠居するまでの間、福岡藩の能吏《のうり》として活躍した。そして忙しい職務の合間に多様な学問を学んだ。

かれは京都や江戸に出て儒学を身に付け、林鵞峰《はやしがほう》、木下順庵《きのしたじゅんあん》、山崎闇斎《やまざきあんさい》らの当代一流の儒学者と交流した。

それと共に長崎で医学を学ぶと共に、本草学《ほんそうがく》（博物学）、天文学、地理学などの知識を身に付けた。

益軒は多くの著作を残したが、その中の『養生訓《ようじょうくん》』は、健康に過ごすための心得をていねいに説いた書物として高く評価された。益軒を江戸時代最高の科学者とする者もいる。

生命を正しく養う「養生」とは何か

貝原益軒は、『養生訓』という健康法の指南書《しなんしょ》を残した。全八巻から成る『養生訓』の内容は、きわめて多岐にわたるものである。そしてそこに記された「養生」という健康法は一言で表現すれば、「攻めの健康法」となる。

益軒は、自分が天から与えられた寿命を全《まっと》うすることが、すべての人間に課された義務だとする立場をとった。『養生訓』には、次のように記されている。

「天地、父母のめぐみをうけて生まれ又《また》養われたるわが身なれば、私の物にあらず」

つまり自分の体は、自分のものではない。父母さらにはるか昔の先祖たちが大事に育んで与えてくれたものだというのだ。だから「生命を正しく養う」養生に励むようにと益軒は教える。「健康的な生活を心掛ければ、天寿を全うできる」こう言って、益軒はさまざまな健康法を教えていく。かれは当時の東洋医学に自分自身の工夫《くふう》を加えた、独自の健康法をあみ出した。その健康の心得の多くは、現代でも十分に通用するものだと評価されている。

益軒の健康法を、幾《いく》つか紹介しよう。かれは養生のためには正しい呼吸法が必須のものだと説く。『養生訓』には、このようにある。

「呼吸は人の生気也。呼吸なければ死す」

益軒は、普段の呼吸の息は、ゆるやかに丹田《たんでん》（下腹）に空気を入れるように行なうのが良いという。そして急なる呼吸を避けよと教える。深呼吸によって、天地の良い気を体に取り込むことが養生の基本だというのだ。

益軒は、人びとに塩を入れた番茶《ばんちゃ》を用いたうがいを勧めた。寝る前に、中の下ぐらいの温度の塩茶で口をすすぐようにすると歯が丈夫になるというのである。

現代人は歯磨きとうがいで口の中をきれいにしてから寝るが、益軒は現代のものと共通する歯の手入れを提唱していた。「目と歯の健康が長生きにつながる」とよく言われる。若い時からの歯へのいたわりが、老年になった時の健康につながるのである。

現在「八〇歳の時に、歯が二〇本残るようにしよう」と言われる。ところが江戸時代の貝原益軒は、八三歳になっても歯が丈夫で、歯が一本も欠けていなかったと記している。

益軒は、ほどほどの飲酒は勧める。しかし、煙草は健康を害するものとして、避けるように教えた。

益軒の『養生訓』は、中国の古典『漢書《かんじょ》』の「酒は天の美禄《びろく》なり」という言葉を引用する。

そして酒は、「少《すこし》飲めば益多く、多くのめば損多し」と記す。気分が疲れた時に酒を少々飲むのは良いが、飲み過ぎると身体をこわすということである。

これに対して『養生訓』には、「烟草《えんそう》（煙草）は性《せい》、毒あり」と記されている。まだ科学的には、煙草のニコチンの毒性が解明されていない時代であるが、益軒は医師としての経験から煙草の害を見抜いていた。

貝原益軒は、人びとに朝粥《あさがゆ》を勧めた。朝早く、柔らかい粥を温めて食べると、胃腸が元気になり、体が温まるというのだ。そしてかれは、この朝粥は、中国の北宋《ほくそう》の張来《ちょうらい》が勧めたことだという。

さらに益軒は、老人の生き方についても説く。『養生訓』にこうある。

「老《おい》て子に養わるる人、わかき時より、かえっていかり多く、慾《よく》ふかくなりて、子をせめ、人をとがめて、晩節《ばんせつ》をもたず、心をみだす人多し」

心の乱れた（ストレスの多い）生活が、健康を損なうのである。だから益軒は老人たちに、温和な気持ちを保って、欲や怒りを去り心の平穏を得るように教えた。

『養生訓』のなかには、現代人にとっても有益な健康の心得が多く記されている。『養生訓』は幅広い学問に通じた貝原益軒でなければ書けない名著と評価できる。

益軒は、福岡藩の祐筆《ゆうひつ》を務める貝原寛斎《かんさい》の五男として生まれた。貝原家が文官の家であったうえに、本人が早くから学問に勤《いそ》しんだために、益軒は若くして秀才として知られた。

そのため益軒は、一八歳で藩に召し出された（一六四八年）。ところがその二年後にかれは、藩主の怒りに触れて、浪人《ろうにん》となる。

浪人生活の時に、益軒は独学に励み独自の人間観を身に付けた。それは人間は誰もが天（神）の恵みのもとにあり、天（神）が授けた生命、健康が何よりも貴《とうと》いとするものだ。

私は、益軒がこの頃から学者として生きる心の支えとしての天神《てんじん》信仰に魅かれたのではないかと考えている。かれのすむ福岡には、近くの太宰府天満宮《だざいふてんまんぐう》の信仰が広まっていた。

のちに益軒は菅原道真《すがわらみちざね》公と天神信仰にまつわる歴史を記した、『太宰府天満宮故実《こじつ》』を上梓《じょうし》した。その中でかれは道真公のことを、「本朝《ほんちょう》の儒宗《じゅそう》（儒学の起こり）」と称《たた》えた。

福岡藩主が交代したとき、益軒は再び出仕《しゅっし》を命じられた（一六五七年）。その翌年から七年間にわたって、藩費で京都に派遣され、学問の研鑽《けんさん》を積むことになった。

そして帰藩した益軒は、一五〇石の禄《ろく》を授かり、朱子学《しゅしがく》の教育を担当すると共に、藩医の役目を務めることになった。

益軒は七〇歳で隠居したあと（一六九九年）、著作に専念した。『養生訓』は益軒が八三歳の時の作である（一七一二年）。

『養生訓』の中に、陰陽五行説の陰陽の理《ことわり》を用いて人間の健康を論じた箇所がある。陰陽説は、すべての物事は陰なるものと、陽なるものとから成るとする。そして陽に属す陽類は、少なく貴《とうと》い。そのため陰類が、多く卑《いやし》いと考えられた。

『養生訓』に、次のように記されている。

「人の身体をみても、陽気が少なく、陰血が多い」だから「陽が盛んであると陰も成長するという理から、陽気を補って陰の血液も増やすとよい」

暖かい食物を摂《と》ったり、太陽の光を浴びたりすれば、身体が活性化して血液も元気になるというのだ。陰陽説は西洋医学の論理と全く異なる体系の論理である。

益軒は、江戸時代の朱子学と一体のものであった陰陽五行説にたって自然界の仕組みを理解したうえで、健康法をあみ出そうとした。

貝原益軒は実は多病であった。頻繁に風邪をひいたり、下痢をしたりした。三八歳の時には尿路結石にかかり、四八歳でおこり病（マラリア）に感染した。その他に益軒は、痔《じ》、淋病《りんびょう》、回虫症《かいちゅうしょう》（寄生虫）にも苦しんだ。

それでもかれは、東洋医学をふまえた自己流の養生を行ない、八五歳まで生きた。

香月牛山《かづきぎゅうざん》

享年八五（一六五六―一七四〇）

［略歴］

香月牛山は、江戸時代中期、九州の豊前《ぶぜん》と京都で活躍した高名な医師であった。かれは、はじめて老人医療の体系を確立した人物と評価できる。

安土桃山時代に曲直瀬道三が老人医療を提唱したが、その後の老人医療の発展は不十分であった。そこに香月牛山が登場して、多分野にわたって老人医療を研究して、それらを体系づけた。

牛山の手になる『老人必用《ろうじんひつよう》養草《やしないぐさ》』は、長く老人医療の手引きとして重んじられた。

香月牛山は豊前国の生まれで、豊前藩の藩医をつとめた。

しかしかれはそれだけで満足せず京都で最新の医術を身に付けたいと考え、京都に移って二条高倉《にじょうたかくら》の地で開業した。かれの名が高まったあと、牛山は小倉《こくら》藩に招かれ、そこの藩医となった。

「人間は百年の寿命を得ることができる」

現在の日本で、「人生百年時代」といった言葉を唱える人びとがいる。しかしかれらよりも四〇〇年余りはやく、「人間百年」の概念を記した医師がいた。

それが、『老人必用養草』を残した香月牛山である。牛山は、人間には「天寿《てんじゅ》」つまり天から授けられた寿命があるという。上《じょう》の者は、一〇〇歳の天寿を持ち、中《ちゅう》の者は八〇歳、下《げ》の者でも六〇歳の天寿を与えられている。

それゆえに牛山は人びとに、このように教えた。

「父母の恩によって得た命の限りを尽くさぬことは、大そう悲しく見苦しいことだ。だから誰もが思い思いに、若死にした人のことを嘆く。そうだとすれば、かけがえのない家族や友人たちを悲しませないために、養生に励み、医療の知識を身に付けるように努めるべきである」

親しい者の葬儀で、多くの人びとが故人を悼《いた》む。若くして亡くなった者がいれば、「せめて子供が一人前になるまで生きてほしかった」などと思うのだ。

香月牛山は、多くの患者をみる中で、このように感じたのだろう。

「大病などで急死する者を別にすれば、多くの者は六〇過ぎぐらいまで生きられる。そして運の良い者は、八〇過ぎまで元気だ。

さらにまれに、話に聞く天海和尚《てんかいおしょう》のように一〇〇歳の寿命に恵まれる者もいる」

牛山は、こうも記している。

「心身ともに丈夫に生まれついても、養生次第では四〇を過ぎるころから病気がちになる。逆に心身とも弱い生まれつきの者でも、養生によって六〇、七〇あたりまで生きられる」

このような考えをとった香月牛山とは、どのような人物なのだろうか。しかしかれ自身に関する記録は、それほど多くない。

香月牛山は、本名を則実《のりざね》といった。牛山は号《ごう》である。香月という珍しい名字は、筑前《ちくぜん》香月荘（北九州市）の畑《はた》城主の流れをひく武士のものである。牛山の先祖は、小早川隆景《こばやかわたかかげ》に敗れて領地を失ったと伝えられている。

牛山は若い時に、貝原益軒から儒学を学んだ。そのあと、鶴原玄益《つるはらげんえき》を師として医術を修めた。やがて医師としての手腕が評価されるようになり、牛山は豊前中津《なかつ》藩小笠原《おがさわら》家に藩医として招かれた（一六八五年）。

しかし香月牛山は、自分の天職である医術で多くの人を救おうとする熱い思いをもっていた。

そのためかれは京都の最新の医術を学ぶために、藩医を辞して京都で医院を開業した（一六九九年）。

牛山は京都で、当時流行であった李朱《りしゅ》医学を修めた。李朱医学は、中国の金《きん》代から元《げん》代にかけて発展した漢方医術である。それと共に香月牛山は、曲直瀬道三の著書を学び、老人医療に強い関心をもった。

しかし牛山は、のちにこのように記している。

「中華《ちゅうか》の医術にも、日本の古人の医術にも、不十分なところがある。だからあれこれ工夫して、最善と思える自家の医術をあみ出した」

京都で、牛山を「李朱《りしゅ》医術の第一人者」とする声が広まった。そのため香月牛山は六一歳のときに、豊前の小倉藩の小笠原家に藩医として迎えられた（一七一六年）。

小倉に移ったあとの牛山のもとには、多くの弟子が集まったという。牛山はつねに一〇〇人以上の門人の世話をしていた。

小倉藩医なってまもなく、香月牛山は、自らの医術のまとめとしての『老人必用養草』を記した。

九一歳を過ぎてなお元気だという、坂口法源《さかぐちほうげん》という人物が、その本に推薦文を寄せている。

牛山は『老人必用養草』の中で、老人の養生には「畏《い》」と「頼《らい》」が最も重要であると記した。

「畏」とは、「おそれつつしむ」ことである。

人びとを生かしている天の偉大な力を、怖れて慎めと香月牛山は説いた。自分勝手な考えをとらずに、自然の大きな流れを知り、それに合った生き方をせよというのである。

そしてもう一つの「頼」とは、「自分を信じて自分の力をたよりにする」ことをあらわす。自分の健康は、自分自身の力で守れと牛山は説くのである。

何も考えずに自堕落《じだらく》に過ごし、医者が調合した薬だけに依存する者は病気を治せない。自ら養生を知り、それを実践したうえで必要な時だけ医者の手を借りるのである。

香月牛山は、この「畏」と「頼」の戒めを行なう時には、「過心《かしん》を去る」ことが欠かせないとする。そして、自分の知識は不完全だという謙虚な気もちを忘れない者は、常に新しい知見を知り、それを身に付ける知恵をもつことができるという。

さらに香月牛山は、「私欲を去る」ことが「元気を養う」ことであるという。人は誰もが食欲や色欲、名誉欲、怒りなどにとらわれて客観的に物事を見られなくなってしまう。だから、まず「欲を捨てる」ことを心掛けよ。それによって健康の恵みを得られるというのである。

現代でも、老人の過食や度を過ぎた美食が生活習慣病の原因だといわれる。牛山は糖尿病、高血圧などの知見のない江戸時代に、すでにそのあたりのことを知り尽くしていた。

また『老人必用養草』の中に、次のような記述もある。

「夏でも、冷えた御飯を食べてはならない。冬でも熱すぎる御飯を食べてはならない」

現在でも、冷たすぎる食物や熱すぎる食物は体に良くないとする健康法がひろく見られる。

香月牛山は経験をもとに、体に良い食事のあり方を考え続けたのである。

香月牛山は、一度も結婚しなかった。学問僧のように、学問だけを生きがいとしていたのであろうか。

そのような牛山は、七五歳になった時に藩医の職を辞した。それと共に、かれはすべての職務から身をひいた。気力がなくなって医療の仕事に失敗したら、取り返しのつかないことになるからだ。

かれは七五歳の時に、すべての財産を親戚に分け与えた。そして墓地を定め、棺《ひつぎ》を用意した。

それでも牛山は引退後、一〇年間も生きた。

無《む》住《じゅう》

享年八六（一二二七―一三一二）

［略歴］

無住の手に成る『沙石集《しゃせきしゅう》』・『雑談集《ぞうだんしゅう》』という興味深い説話集《せつわしゅう》が残っている。この二つの説話集には、鎌倉時代の僧侶のありのままの姿を伝える興味深い話が多く見られる。世を捨てて仏に仕えるはずの僧侶が、金銭欲、名誉欲などのさまざまな欲望に振り回される姿が、生き生きと描かれているのだ。

無住の生涯についての詳しいことは明らかでない。かれは臨済宗《りんざいしゅう》の僧侶であったが、天台宗《てんだいしゅう》、真言宗《しんごんしゅう》などの諸学も身に付け、京都の東福寺《とうふくじ》の聖一《せいいち》（円爾《えんに》）の印可《いんか》を受けた。無住は優れた学問僧であったらしい。かれは尾張《おわり》の長母寺《ちょうぼじ》（名古屋市）を再興し、そこの中興開祖となった。

朝廷は長年にわたり仏教興隆に尽くした無住の功績を高く評価した。そのため、かれは没後（一五四六年）に、大円国師《だいえんこくし》の号を賜《たまわ》った。

「老人は腹を立ててはいけない」と説く

無住は鎌倉の武士身分出であった。かれは梶原景時《かじわらのかげとき》の子孫で、梶原の名字を称していた。しかし無住の俗名は伝わっていない。

無住は一八歳の時に、常陸国《ひたちのくに》の法音寺《ほうおんじ》で出家《しゅっけ》した。そのあと各地を巡り、学問を深めると共に見聞《けんぶん》を広めた。

多くの僧侶との交流を持つ中で、無住は興味深い噂話や体験談を聞いた。かれは若いうちから、自分が聞いた面白い話を書き集めていたらしい。また、あちこちの寺院を訪れ、そこに所蔵された説話集を読んだりした。

無住は、何より説話が好きであった。

「実際に起こったこととして、語り伝えられた短い話」を説話という。このような説話は平安時代中期後半にあたる摂関《せっかん》時代の前後から、貴族社会に広まったものだ。

最初は、優れた和歌が詠まれた経緯を記した歌物語の形をとる説話が記された。そしてそれからまもなく、貴族社会の噂話を記した和歌を含まない説話も作られるようになった。

やがて貴族や上流武家の宴会で出席者が交代で短い話をする座興《ざきょう》が流行《はや》り始めた。そのため、宴席で出された話を集めた、『今昔物語衆《こんじゃくものがたりしゅう》』のような説話集が多く編まれた。

鎌倉時代に入って教養を身に付けた武士や僧侶が活躍するようになると、さらに多くの説話集がつくられた。

無住は『沙石集』に、次のように記している。

「愚老《ぐろう》（私）も、修行のあいまをみて、とりとめのない話を記してきました。つまらぬことと思いながらも、私のこの癖《くせ》を止めるのが出来ませんでした」

無住は、よほどの話好きであったらしい。

しかしかれは「狂言綺語《きょうげんきご》（とりとめのない話）」を語るのは、出家の身として恥ずかしい行為だとも語った。仏典の教えを広めるのが、無住のような学問僧の使命だというのだ。

それでも愚僧が聞きおいた話を記さずにいられなくなり、この『沙石集』を編《あ》んだと無住は記した。

無住は五七歳の時に、『沙石集』を脱稿《だっこう》した（一二八二）。そして晩年近くになって、新たに『雑談集』をまとめた。それは無住が七九歳から八〇歳にかけて書き記したものである（一三

○五―六年)。

無住はこの『雑談集』のあちこちに、自分自身の思いを記している。

『雑談集』巻四の「老人用意事」という一節には、このような記述がある。

「仏教に、人生に四苦、八苦という苦しみがあるという教えがあります。しかしその苦しみの中で最もつらいものが、『老い』の苦しみです。何事につけても、若かった昔のように思うがままにできなくなります。身体のあちこちが痛み、人に嫌われ、憎まれ、蔑《さげす》まれるのです」

しかし無住は、「その老いの苦しみを抱えながら、清く正しく生きることが人間のつとめなのです」と言いたいのだろう。

そのためかれは、「老人用意事」の次に、「瞋志《しんし》(怒り)の重障《じゅうしょう》たる事」という節を記している。そこには、次のようにある。

「愚老(私)も、かつては怒りっぽい性格でした。しかし仏の慈悲《じひ》の教えに触れるたびに、怒ることの空しさを知るようになりました。怒りをもって接した相手は敵になりますが、慈悲の心をもって関わる者は味方になってくれると悟《さと》ったのです。

私が病気になった時には、『介護者を恨んではならない。介護者に腹を立ててはならない』ということを心掛けました。おかげで私の病気はおさまり、年を取った今でも元気に過ごしています」

別の箇所で、無住はこのように記している。

「介護者が、ある人の顔に扇を落としたことがあります。すると病人は、その時の一瞬の怒りで毒蛇になってしまったといいます」

人間が蛇に変わることなど、有り得ない。無住は、誰からも愛されない者を「蛇」にたとえたのであろう。

無住は『雑談集』の中で、老人に「怒るな」と教えた。現在の医学で、怒りなどのストレスが、さまざまな病気のもとになることが明らかになっている。

無住が、そのあたりのことを知っていたわけではない。しかしかれは経験上、長生きする老人には、穏和な性格の者が多いことをつかんでいたのではあるまいか。

無住が、聖人君子《せいじんくんし》であったわけではない。かれ自信も、「私は怒りっぽかった」と記している。

さらに『雑談集』に、つぎのような面白い記述がある。

「私は出家したあと四〇歳すぎまで、仏の戒律《かいりつ》に従って質素に過ごしてきた。しかしある時に、病気にかかり薬酒を飲んだ。するとその時に私は酒の旨味《うまみ》を知った。

そのあと在家《ざいけ》（俗人）の者の酒宴があれば、必ず酒席に出て行くようになった。そして思う存分、酒を飲み狂い、我を忘れて楽しむようになった。

酒を知らないまじめな僧侶の生活は、日照りの道を行くものだ。それに対して私の生活は、真夏に夕立の中で涼《すず》んでいるように快いものだ」

無住はここに記したような、仏教の戒律にこだわらない生活を送っていた。そのようなかれは、酒席で多くの説話を集められたのであろう。

無住が五四歳の時、かれの師であった東福寺開山の聖一が亡くなった（一二八〇年）。この翌年に無住は、東福寺二世を嗣《つ》ぐようにという後宇多《ごうだ》天皇の詔《みことのり》（命令）を受けた。

それに対して無住は、御所《ごしょ》に参内《さんだい》して辞退した。京都の有力な寺院を束ねるより、居心地の良い地方の寺院にいる方が良いと考えたのだ。

無住は、『雑談集』をまとめた六年後に亡くなった。当時の臨済宗の学問僧の多くは、中国の最新の医術を身に付けていた。だから無住も身に付けた医術の知識にもとづいて、自身の健康管理につとめていたのであろう。さらに老年になって怒らないように心掛けたことや、説話への関心が、かれの寿命を延ばすことになったのかもしれない。

『沙石集』と『雑談集』を残した無住を、「話芸の開祖」と評価する者もいる。

曲直瀬道三《まなせどうさん》

享年八八（一五〇七―一五九四）

［略歴］

曲直瀬道三は、安土桃山時代の東洋医学全般に通じた漢方医《かんぽうい》であった。京都の人びとは、こぞってかれを尊敬していたという。道三は有力な公家《くげ》や武士も、庶民たちも分け隔てなく、親身になって診察したという。

また道三は、誰とでもすぐに打ち解ける社交性に富んだ人物でもあった。

道三は下野国《しもつけのくに》の足利学校《あしかががっこう》に学び、漢方の基本を身に付けた。そのあと、かれは京都で開業し、多くの患者をみる中から個々の患者の体質にあった医療を施《ほどこ》す技量を身に付けた。

そのような曲直瀬道三は、一三代将軍足利義輝《よしてる》に求められた腎《じん》の症《しょう》（精力減退）の治療に成功して名を上げた。

このあと多くの有力者が道三の診察を受けた。そのような道三は、かれの医術の知識をまとめた『啓迪集《けいてきしゅう》』（一五七四年）を残している。

老人科の医療を唱え、健康食品の改良に努める

曲直瀬道三は武士の子として京都に生まれた。かれの父の名を、堀部親真《ほりべちかざね》という。堀部家は、近江源氏《おうみげんじ》の佐々木《ささき》家の支流の武家であった。京極《きょうごく》家と六角《ろっかく》家は、佐々木家の流れをひく戦国大名として知られる。

道三は若い時に、学問僧を目指して相国寺《そうこくじ》に入り出家した（一五一六年）。このあと道三は曲直瀬の名字を称した。

そして、さまざまな学問を身につける中で、道三は医術につよく魅かれた。「医師となるのが、私の天命ではないか」と考え始めたのだ。そのためかれは医術修行のために、はるばる関東の足利学校を訪れることにした。

足利学校で、中国の最新の学問が教えられていたためだ。古い伝統にこだわる京都の学者や医師のもとでは、独自の新たな医術をあみだせないと道三は考えたのだ。

足利学校で、道三は田代三喜《たしろさんき》という最良の師に出会った。三喜は中国の明《みん》朝の最新の李朱《りしゅ》医学を身に付けていた。

足利学校での学業を終えて京都に戻った曲直瀬道三は、還俗《げんぞく》して医院を開業した。かれの医術は中国の金《きん》代、元《げん》代の李朱医学の基本のうえにたつものであるが、かれは実際に患者と接した経験にもとづく知見も重んじた。

これによって、曲直瀬道三独自の新しい医術がつくられていく。道三の医術は、患者から高い評価を受けた。気取らず、すぐ誰とでも親密になるかれの資質も医術を助けた。

やがて道三の教えを求める者が集まってきた。そのためかれは、のちに啓迪院《けいてきいん》という医学校をひらくことになる。道三の弟子は八〇〇人に及んだ。

一三代将軍足利義輝をはじめとして細川晴元《ほそかわはるもと》、三好長慶《みよしながよし》、松永久秀《まつながひさひで》、毛利元就《もうりもとなり》などの多くの有力者が、かれの診察を受けた。曲直瀬道三は和歌や茶の湯にも通じており、京都の有力者たちと親しく交流した。

道三は病気の治療を行なうと共に、かれの患者に簡単な治療法や養生法《ようじょうほう》なども教えた。織《お》田信長《だのぶなが》や豊臣秀吉《とよとみひでよし》が天下を取ったあと、道三は信長や秀吉とも親しく交流した。正親町《おおぎまち》天皇は道三の医術を高く評価し、かれに今大路《いまおおじ》の家号を授けた（一五八三年）のちに曲直瀬道三の甥の玄朔《げんさく》が二代目道三となり、のちに正親町天皇の侍医《じい》に任命された。

現在でも神麹《しんきく》という健康食品が使われている。それは酵母菌のはたらきで胃腸を整え、全身を元気にするものである。これは、曲直瀬道三が治療に用いた神麹の系譜をひくものである。

神麹は、小麦と麬《ふすま》（小麦を粉にする時にできる表皮のくず）を混ぜたものを酵母菌で発酵させてつくる。神麹を服用すれば、腸内の酵母菌をふやし消化を助けることになる。

神麹のような民間薬は、曲直瀬道三より前からあった。道三は発酵した小麦の効用を知ったあと、あれこれ試したのちに、最も体に良い発酵食品として神麹をあみ出した。

道三は神麹を量産して、多くの患者に神麹を勧めた。

曲直瀬道三は、日本ではじめて老人門（老人科）をつくったことでも知られる。かれは老人に無理のない健康法を教えて、長生きするように説いた。

道三の著書の『啓迪集《けいてきしゅう》』に、小児には小児の、老人には老人向きの医療があると説かれている。道三は中国の医学書を引用しながら老人に適した治療のあり方をわかりやすく説いている。

曲直瀬道三は、生涯にわたって学び続けた。これは、少しでも良い医療を行なおうとする熱意からくるものであろう。

そのような道三は、老年になったあとキリスト教という新たな宗教に関心をもった。これはキリストの救いを得たいという願いによるものではなく、西洋の医術を学ぶ行為と一体のものであったろう。

陰陽五行説《いんようごぎょうせつ》の論理を理解すれば、漢方医学の仕組みがわかる。それと同じで西洋医学も、ヨーロッパ人が拠《よ》るキリスト教哲学とギリシア哲学の論理の上に成り立っている。

ルイス・フロイスという宣教師が記した『日本史』のなかに、曲直瀬道三とインド宣教師の問答に関する、興味深い記述が見られる。

この問答は、道三が七八歳の時（一五八四年）になされたものだ。フロイスは、「曲直瀬道三は優れた学者で、雄弁家でもあった」と記している。さらに、「道三は、出かけて行ったところで、つねに上座《かみざ》を与えられた」ともある。

そのような道三にキリスト教を説くために教会はインド人宣教師《せんきょうし》のフィゲイレド司祭《しさい》を送った。フィゲイレドは老齢で、徒歩で行くのがつらくて駕籠《かご》を用いたという。

『日本史』は、「このとき両人はいずれも老人だったため、楽しげな談話が始まった」と記している。そしてフィゲイレドが、「永遠に滅びることのない生命」について説明すると、道三はこう言った。

「はたして、人間に残るような生命があろうか」

そうするとフィゲイレドは、こう反論した。

「宇宙万物の創造主（聖書の「神」）は禅宗《ぜんしゅう》が説く諸物の本願《ほんがん》（梵《ぼん》、ブラフマン）とは異なる。

あなたは創造主のことを理解できないのであろう。しかし私どもキリスト教学者なら、創造主についてわかりやすく教えることができる。それは患者が、病気をなおすために医者を頼らねばならないのと同じだ」

こうまで言われた曲直瀬道三は、宣教師の話を聞いて、キリスト教の論理を知っておこうと考えたという。老年になっても、キリスト教つまりヨーロッパ思想という未知のものを理解しようとする好奇心が、曲直瀬道三に長寿をもたらしたのであろう。

老年になっても、新たな何かを知りたいと思えば、人生が楽しくなる。しかしふつうの老人は年を経ると共に、新しい流行や情報への関心を失っていく。それらが理解しづらく、面白くないからだ。よく「年をとっても、新聞を毎日、隅《すみ》から隅まで読むと良い」と言われることがある。新聞を読める老人は、時代遅れにならないからだ。

曲直瀬道三は自分が学んできた東洋医学の健康法を忠実に行なうことによって、長寿を得たと考えられる。老年になるとかれは、これまで行なってきた健康法を、適宜《てきぎ》、老人向けのものに変えていったのだろう。

かれがあみ出した神麹も、長寿につながる健康食となったと評価できる。今日でも京丹後《きょうたんご》市のような発酵食品を多く用いる地域の住民に、長寿に恵まれる者が多いといわれる。

第四章

権力への執着が長寿をもたらす

北条早雲《ほうじょうそううん》

享年八八（一四三二―一五一九）

［略歴］

北条早雲は戦国時代の大名である。

かれは若い時は、伊勢長氏《いせながうじ》と名乗っていた。早雲は出家《しゅっけ》後の法名《ほうみょう》である。長氏の叔父にあたる伊勢貞親《さだちか》は、室町幕府の八代将軍・足利義政《あしかがよしまさ》のもとで政所執事《まんどころしつじ》として権力をふるっていた。

長氏（早雲）は若い頃から文武の修行に励むと共に、自らの養生《ようじょう》を第一とする生活を送った。そのような長氏は応仁《おうにん》の乱の混乱によりいったん浪人《ろうにん》するが、のちに妹の嫁ぎ先の駿河《するが》の守護《しゅご》大名今川《いまがわ》家から駿河東部の興国寺領《こうこくじりょう》を与えられた。

長氏はこのあと伊豆《いず》を征服して戦国大名として自立し、ついで隣国の相模《さがみ》も攻略した。かれは有力大名になったあと領内で善政を行ない、縁を辿《たど》って、鎌倉幕府の執権を務めた北条《ほうじょう》家の名字を名乗ることの許可を得た。

『早雲寺殿廿一箇条』に記された長寿の秘訣

北条早雲は、謎の多い人物である。有力大名になったあとのかれは、自分の前半生について多くを語らなかった。

それでも近年の研究によって、早雲が室町幕府の文官を統轄した伊勢貞親の親族であったことが、ほぼ明らかにされている。

室町時代の関東は、足利将軍家の傍流《ぼうりゅう》の関東公方《くぼう》足利家、その下の関東管領《かんれい》山内上杉《やまのうちうえすぎ》家、山内上杉家の同族扇谷《おうぎがやつ》上杉家などの争いの続く後進地であった。そこに後北条《ごほうじょう》氏の早雲が新興の大名として登場し、農地開発と商工業の育成に力を入れて関東の経済を発展させた。

後北条氏の政治によって、関東の庶民は急速に豊かになったのだ。北条早雲は、名声も贅沢《ぜいたく》も求めず、人々のための政治を行ない、平和を実現しようとした。

後北条氏のあとで関東を治めた徳川家康《とくがわいえやす》は、早雲の統治から多くのものを学んだとみられる。

北条早雲の生き方を知る手がかりとして、かれが子孫に残したといわれる『早雲寺殿廿一《そううんじどのにじゅういっ》箇条《かじょう》』という家訓がある。

その第一条には、こうある。

「第一、仏神を信じ申《もうす》べき事」

早雲は自ら出家するほど熱心な仏教徒であると共に、領内の社寺の保護に尽くした。かれは神と仏を重んじて、私欲を捨てて人びとのためになる政治を行なおうとしたのだ。

これに続く第二条と第三条で、早雲は「早寝、早起きを勧める、次のような文章を記した。

「朝は早起きせよ、主人が遅く起きれば、奉公人は働かず、仕事をおろそかにする」

「夜は薪《まき》や灯火《とうか》などを始末し、午後八時（辰《たつ》の刻《こく》）の前に寝よ。そして午前四時（寅《とら》の刻）には起きて、手を洗い、神仏を拝んだあと、その日の用事を妻子や家来に伝え、午前六時（卯《う》の刻）には主君のもとに向かえ」

ここには早寝、早起きのことだけが記されているが、早起きして仕事に向かう者は、おのずと勤勉な仕事ぶりが身に付いていくと考えてよい。早雲の子の北条氏綱《うじつな》も贅沢を禁じた次のような教えを残した。

「万事倹約を守るように。上の者が華美《かび》を好むと、下の者が貪《むさぼ》られて苦しむことになる。上の者が倹約を守れば、下の者は苦しまず、国じゅうの者が富み、大将の軍勢を支えることになる。父の早雲どのは、倹約を守ったおかげで、天道の助けを得て、大名にまで出世できたのである」

若い頃に、叔父伊勢貞親の悪政を見る中で、北条早雲（伊勢長氏）は、「民衆のための政治」を志すようになったと私は考えている。

ここに記したような考えにたって、質素な食事をして、早寝、早起きで、よく働いて身体を動かす生活をした北条早雲は、老年になっても元気に過ごしたという。

『北条九代記』という歴史書は、晩年の北条早雲について、次のように記している。

「眼はよく見え、耳もよく聞こえ、歯の欠け落ちもない。受け答えがしっかりしているありさまは、壮年の時と変わらないようであった」

北条早雲は、医術の知識にも通じていた。かれは小田原《おだわら》城を得たあと、中国元《げん》朝からの移住者の子孫である陳《ちん》氏という医師を小田原に招いた（一五〇四年）。このとき早雲は、陳氏に透《とう》頂香《ちんこう》という頭痛や胃痛に効く薬をつくらせて領内に広めた。

長氏（早雲）が京都にいた時に、大徳寺《だいとくじ》で禅《ぜん》の修行をしたことを伝える文献がある。かれは禅僧との交流のなかで医術を身に付け、のちに庶民のための薬を広めたのだろう。

北条早雲は、文武の修行に励む日々を送っていた。『早雲寺殿廿一箇条』の最後の一条は、文武弓馬を身に付けよと教えるものであった。かれは文と武を「兼ねて備えればならない」と記した。

長氏（早雲）が歴史上に登場するのは、今川家の内紛の時（一四七六年）のことである。今川義忠《よしただ》が急死したので、今川家の中で、義忠の子の龍王丸《りゅうおうまる》（のちの氏親《うじちか》）を推《お》す勢力と、義忠の従弟の今川範満《のりみつ》につく者たちが対立したのだ。

この時に長氏は、四五歳であった。そして長氏の妹の北川殿《きたがわどの》の子にあたる龍王丸は、わずか六歳にすぎない。このとき長氏の調停によって、龍王丸が今川家の後継者となった。そしてかれが成長するまで今川範満が駿河を治めるという取り決めがなされた。

しかし範満が勝手な政治をするために、一一年後になって長氏は範満を討って、今川氏親を当主に立てた（一四八七年）。この功績によって早雲は、今川家から駿河東部の興国寺領を与えられた。

早雲は興国寺領で、年貢を減じるなどの善政を行なった。これに対して隣りの伊豆では、堀越《ほりこし》公方の足利政知《まさとも》の暴政が続いていた。そういった中で、伊豆の武士の間に早雲に心を寄せる者が広まっていった。

足利政知が没したとき（一四九一年）、かれの子供たちの争いが起きた。兄の茶々丸《ちゃちゃまる》が弟の潤童子《じゅんどうじ》を殺したことにより伊豆は内乱状態となったのだ。早雲はこの機をとらえて伊豆に出兵し、茶々丸を討った。

これにより早雲は、一国の主《あるじ》となった。日本中世史の研究者は、早雲が伊豆を制圧した一四九一年を戦国時代の始まりとしている。

このあと北条早雲は、じわじわと相模に勢力を拡大していき、晩年に相模一国をほぼ平定した。かれは後北条氏の手で、扇谷上杉家と山内上杉家を滅ぼし、関東を統一する夢を抱くようになっていた。

北条早雲は結婚が遅かったので、かれの長男の北条氏綱は、父より五五歳も年下であった。だから早雲は自ら北条領を治め、息子の教育に力を注いだ。

そして氏綱が三二歳になった時に、早雲は息子に家督《かとく》を譲り隠居した（一五一八年）。このときかれは八七歳であった。

早雲はこの翌年の七月に、船遊びしていて夏風邪をひいた。そしてそれからまもない八月一五日に、かれは伊豆の韮山《にらやま》城で亡くなった。「生涯現役」と呼んでも良い人生だった。

徳川家康《とくがわいえやす》

享年七五（一五四二―一六一六）

［略歴］

徳川家康は、三河《みかわ》の大名、松平広忠《まつだいらひろただ》の子であった。広忠が早逝《そうせい》した（一五四九年）あと、松平家は駿河、遠江《とおとうみ》の有力大名今川義元《いまがわよしもと》の保護下におかれた。

松平元康《もとやす》と名乗っていた家康は、若い頃に織田信秀《おだのぶひで》の人質にされた。ついでかれは人質交換で今川義元のもとに送られ、そこで雪斎上人《せっさいしょうにん》（太原崇孚《たいげんすうぶ》）という師に出会った。そして元康（家康）は師の教えを受けて、「平和を実現した庶民が豊かに生活を送れるようにしたい」という大望を抱いた。

このあとかれは、今川家から自立して徳川家康と名乗る。そして織田信長《のぶなが》と同盟を組み、着々と勢力を伸ばした。

家康は大望を果たすために健康管理に細心の注意をはらって生活した。おかげで家康は、豊臣秀吉《とよとみひでよし》の没後に江戸幕府による天下統一を実現できた。

自ら漢方薬（八味地黄丸）を調合し健康を維持

徳川家康の生涯の大筋は、広く知られている。かれは三河の弱小大名の子であったが、今川義元が桶狭間《おけはざま》の合戦（一五六〇年）で敗死《はいし》したあと今川家と戦って、三河で勢力を拡大した。やがて家康は一向一揆《いっこういっき》を屈服させて、三河を統一した。

かれは徳川家に忠節を尽くす三河譜代《ふだい》などと呼ばれる家臣団のおかげで、有力な大名であった今川家の勢力を三河から排除できた。

家康に家臣を魅き付ける人望があったために、かれのもとに結束力のつよい家臣団がつくられたとされる。家康は「堪忍《かんにん》」の二文字を、人生の座右銘《ざゆうのめい》として生きた。

一時の感情にとらわれずに「怒り」を避け、自分の主張が正しいと思い込まずに、家臣たちの意見を辛抱づよく聴いて、物事をすべて客観的に判断する。このような生き方を貫いた家康は、多彩な才能をもつ多くの家臣に慕われ、やがて天下を取る。

家康がもう一つ心掛けたのが、養生《ようじょう》に身を入れることであった。かれは「自分が不健康だと、感情が高ぶり正確な思考が出来なくなる」ことを、知り抜いていた。

家康自身が、医師なみの医学知識を持ったうえで、生涯にわたってほぼ正確な健康管理を行なった。かれは最初は、臨済宗《りんざいしゅう》の高僧である師の雪斎上人から学問僧が教養として身に付けていた医術を教わったとみられる。

凡人ならば健康法を教わっても、つい好きな食物を食べ過ぎたり、やけ酒を飲んだり、夜ふかしをしたりする。しかし家康は、自分で決めた養生の規則を忠実に守った。

家康は、食べ物には必ず火を通していたという。生水は飲まず、煙草は吸わない。さらに野菜や果物は、旬《しゅん》のものしか食べなかった。膾《なます》（刺身）は食べたが、新鮮な魚の膾しか口にしなかった。

それと共に家康は健康管理のために、武芸の鍛錬に励んだ。かれは毎日、刀、槍、弓の稽古を欠かさなかった。さらに家康は乗馬を好み、水泳も得意だった。また、鷹狩《たかが》りが家康の最大の楽しみであったという。かれは、鷹狩りの日は朝早く起きるので朝食の味が快いという。さらに鷹狩りの夜は良く眠れる。だから鷹狩りは、良薬よりはるかに勝《まさ》る養生だと家康は言っている。

このあたりのことは、徳川家の歴史を記した『徳川実紀《とくがわじっき》』の中にしばしば出てくる。

家康は平素は、麦飯を主食にしていた。しかもその麦飯は、米と大麦を半々にしたものを炊いたものだった。さらにかれは副菜に八丁味噌《はっちょうみそ》を好んだ。大麦にも三河特産の豆味噌である。八丁味噌にも、ビタミンやミネラルが豊富に含まれている。

戦国時代以前には、血や汚物に触れる医師は、賤《いや》しい職業とされていた。仏典研究の余技で医術を行なう学問僧は尊敬されたのだが、医術を施《ほどこ》して礼金をとる専業医師は低く見られた。

同じような考えから多くの人は、学問僧や漢学者が行なう占いは天下国家に有用なもので、陰陽師《おんみょうじ》などの占術家の占いはうさんくさいものとみていた。

ところが家康は医師（漢方医《かんぽうい》）が賤業《せんぎょう》とされていた時代に、自ら漢方薬の調合を行なった。『駿府御分物御道具帳《すんぷおわけものおどうぐちょう》』という文献の中に、家康が用いた製薬道具と薬種《やくしゅ》の目録を記した部分がある。

また静岡市の久能山東照宮《くのうざんとうしょうぐう》の宝物殿に、家康の薬研《やげん》（薬種を粉にする道具）、薬簞子《たんす》などが残っている。

家康は多種の漢方薬を調合して、自ら用いた。かれが好んで服用した漢方薬の一つである八《はち》味地黄丸《みじおうがん》（八味丸）は、現在でもひろく用いられている。

地黄、山茱萸《さんしゅゆ》、山薬《さんやく》、沢瀉《たくしゃ》（おもだか）、茯苓《ぶくりょう》、牡丹皮《ぼたんひ》、佳枝《けいし》、附子《ぶし》、の八種の薬種を混ぜ合わせた八味地黄丸には、老人の健康の維持の助けとなる幾つもの効果がある。八味地黄丸は体の不快な冷えをとり、かすみ目、腰痛、夜間頻尿といった老人を苦しめる症状を改善するといわれる。

しかし八味地黄丸には毒性のある附子（トリカブト）の成分が含まれている。そのため、専門の漢方医の助言を受けながら、八味地黄丸を服用するのが望ましい。

織田信長は天下統一を目前にして、家臣の明智光秀《あけちみつひで》に討たれた（一五八二年）。この事件は徳川家康にとって天下取りの一つの好機であったはずだ。駿河、遠江、三河の三か国を治める家康は、織田家配下の大名の中の最有力者であったはずだ。

かれが本能寺《ほんのうじ》の変の時に、本拠の駿河にいたら、そしてかれが日頃から手なづけておいた武田《たけだ》家の旧臣の援軍を得た上で、全兵力で京都を目指したならば、織田配下の大名たちは、家康に従ったかもしれない。

しかし家康は本能寺の変の時に、わずかな近臣と共に大坂にいた。家康が甲賀《こうが》、伊賀《いが》を経てようやく自領に辿り着いた時には、すでに豊臣秀吉が天下人への道を歩んでいた。秀吉に先を越された家康は、「秀吉より長く生きて天下を取ろう」と考えたのだろう。秀吉は不健康な生活をしており、かれに頼みとなる後継者がいなかったためだ。

そして多くの苦難を経たのち、徳川家康は大坂の陣（一六一四―一五年）で豊臣秀頼《ひでより》を滅ぼして国内に平和を実現した。大望を果たした家康は、大坂の陣の翌年に病死した。

徳川家康は、寸白《すんぱく》（条虫《さなだむし》）という寄生虫病を持っていた。相手が食物に混じってくる寄生虫では、養生に心がけても防ぎようがない。家康の死因は、この寸白症と深く関わっている。「家康が鯛の天麩羅《てんぷら》を食べて亡くなった」と言われることがある。かれは鷹狩りのあと田中城（静岡県藤枝市《ふじえだ》）で、豪商の茶屋四郎次郎《ちゃやしろうじろう》が振舞った鯛の天麩羅を五枚食べた夜に腹痛を起こしたと記録にある。

侍医頭の片山宗哲《かたやまそうてつ》は、その腹痛を癪《しゃく》（さしこみ）と診断した。ところが家康は「寸白がぶり返した」と言い自家製の万病円《まんびょうえん》を飲んだ。この万病円は、附子を主成分とする薬剤である。附子（トリカブト）の根に含まれるアコニット・アルカロイドの毒で、寸白（条虫）の活動が抑えられることもあるだろう。

しかし医師が勧める薬を用いず、万病円を飲み続けた家康はしだいに衰弱して鯛の天麩羅を食べた三か月ほど後に亡くなった。医師の服部敏良氏は、家康の死因は胃がんだとする。重い食中毒を起こしたら二、三日以内に死亡するからだ。

家康は、七五歳の生涯で多くのことを成し遂《と》げた。かれを祀《まつ》る各地の東照宮には、現在でも多くの参拝者が訪ねる。家康は出世の神とされている。

細川忠興《ほそかわただおき》

享年八三（一五六三―一六四五）

［略歴］

細川忠興は、安土桃山・江戸時代の政治家。かれは細川家の傍流《ぼうりゅう》の出身で、歌人として知られる細川藤孝《ふじたか》（幽斎《ゆうさい》）の子であった。忠興は文武に秀でた武将に成長し、生涯で数十回の合戦で活躍した。

それと共にかれは、和歌や絵、能楽に通じた教養人として知られた。特に茶道では、七《しち》哲《てつ》と呼ばれる千利休《せんのりきゅう》の七人の高弟の一人とされた。

細川忠興は関ヶ原合戦での活躍を評価されて、豊後《ぶんご》の中津《なかつ》三九万六〇〇〇石の有力大名となった（一六〇〇年）。さらにかれが隠居したあと、細川家は肥後一国を与えられた（一六三二年）。

勇猛な武将として知られる忠興であったが、かれは多病で、幾つもの持病を抱えて生活していた。そのためかれは、医術を学び自ら漢方薬を調合するほどの知識を身に付けた。

多病であった彼を救った「万病円」とは

足利《あしかが》一門の細川家は室町幕府のもとの最有力の大名の一つであった。河内、和泉《いずみ》や四国の讃《さ》岐《ぬき》、阿波《あわ》などが細川一族の領国となっていた。この細川家の嫡流《ちゃくりゅう》は細川頼之《よりゆき》の流れをひく京兆《けいちょう》家で、この家から応仁《おうにん》の乱で東軍を率いた細川勝元《かつもと》が出た。

しかし勝元の子の政元《まさもと》が暗殺されたことをきっかけに細川家の嫡流は衰退していった。

そしてそれに代わって、細川頼之の弟、頼有《よりあり》から始まる和泉守護の和泉家細川家が、細川家の嫡流のようになっていった。頼有から八代目の細川藤孝は、最初は一二代将軍足利義晴《よしはる》に仕えていた。

そして動乱が続く中で、藤孝は「細川家に昔の勢いを取り戻したい」と切望するようになった。しかし足利義晴が没したあと、義晴の嫡男の足利義輝《よしてる》は三好《みよし》家に殺害された。

このあと藤孝は、義輝の弟の足利義昭《よしあき》に仕えた。そして義昭が一五代将軍になったあと織田信長と衝突すると、細川藤孝は義昭を裏切って信長の家臣となった。

藤孝は、しばしば信長の命で各地の戦闘に従軍した。そして藤孝の嫡子の忠興も、松永久秀《まつながひさひで》との戦いで初陣《ういじん》を飾った（一五七七年）。

このとき忠興は大和《やまと》の片岡《かたおか》城攻めで軍功を上げて、信長自筆の感状《かんじょう》を授けられた。忠興が一五歳のときのことである。

この二年後に細川藤孝は、信長から明智光秀と共に丹後《たんご》を攻略するように命じられた。その年にかれは、丹後南部の地を得た。

さらにその翌年に細川藤孝は丹後一国を平定し、一二万石の大名に成長した。このあと本能寺の変が起こる。

変のあと明智光秀に誘われた細川藤孝は、出家して隠居した。そのため忠興は、二〇歳の若さで細川家の当主を継いだ。

このとき細川家は羽柴《はしば》（豊臣）秀吉に通じていた。それゆえ山崎の合戦で光秀が敗れたあと、細川家は秀吉に従い領地を安堵《あんど》された。

明智政権が滅んだあと、細川忠興は豊臣秀吉のもとで多くの合戦に従い、その武略を高く評価された。そのため豊臣政権の終わりに忠興は、加藤清正《かとうきよまさ》、福島正則《ふくしままさのり》に次ぐ、秀吉側近の武断《ぶだん》派《は》大名の中心人物となっていた。

武芸や用兵に優れた忠興であったが、じつは多病だった。かれは長年にわたって、偏頭痛、眼病、癪《しゃく》（胃潰瘍《いかいよう》か）の持病を抱えていた。しかし気丈なかれは、漢方薬と養生で病気を抑え、つねに勇ましく戦場にむかった。

かれは養生のために、次の二つの自戒を守り続けた。

○偏食を避けて、調和のとれた食事をすること。

○鷹狩り、馬の遠乗りなどの運動を欠かさないこと。

それでもかれは、おこり（マラリア）、蛔虫症《かいちゅう》（寄生虫による病気）、悪性の腫物などの重大な病気を、何度か経験した。

多病であった細川忠興は、名医として評判の高い玉弥《たまや》という者をお抱え医師にして、事あるごとに、かれの診察を求めた。

そして後になると、忠興は玉弥らの医師と相談しつつ、自ら薬用酒や漢方薬を調合するようになった。かれの薬用酒は、朝鮮人参を主成分としたものだといわれる。

朝鮮人参は江戸時代中期になってはじめて、国内で栽培されるようになった生薬《しょうやく》である。忠興の時代には、朝鮮王国から高価な朝鮮人参を輸入するほかなかった。それでも忠興は、自分自身の健康維持のための費用を惜しまなかったとみられる。

朝鮮人参には、疲労回復、消化不良などの多くの症状に効果があるサポニンという成分が含まれている。そのため当時の朝鮮人参は、万病に効く万病の生薬だと考えられていた。現代の漢方薬にも、朝鮮人参を含むものがかなりある。

細川忠興は、漢方薬の万病円も調合した。その薬は徳川家康が寄生虫病の治療に用いたものである。家康は八味丸などの自ら調合した漢方薬を、周囲の者に気前良く分け与えていた。

しかし家康は、紫雪《しせつ》だけは自分だけの秘薬としていた。紫雪は、風邪に効く速効性の薬だともいわれる。細川忠興が何度か家康に紫雪の製法を尋ねたが、教えてもらえなかった。そこで忠興は家康の没後に、家康の周囲の者にあれこれ聞いたうえで、何人もの医師に相談し、自分流の紫雪を調合した。

医術に詳しい細川忠興は、親族、家臣、知己《ちき》の大名などの診察を好んで行なったと伝えられる。二代将軍徳川秀忠が腹の腫れで苦しんでいたとき、忠興はその症状を条虫症（条虫《さなだむし》という寄生虫によるもの）と診断した。

そのため忠興が与えた万病円によって、秀忠の症状は改善したという。徳川家康もかつて条虫病の治療に万病円を用いていた。細川忠興の子の忠利《ただとし》が時々脈が切れるといったとき、忠興はそれを軽い潰瘍とみて、体を休めれば良くなると助言した。

このような忠興は、つねにこう言っていた。

「病気でうろたえるのは良くない、病の正体がわかれば怖くない」

豊臣秀吉が亡くなったあと、徳川家康は軍略に優れ、武断派大名に顔がきく細川忠興を味方に引き込もうとした。そのため家康は、忠興に、飛地《とびち》として豊後の杵築《きづき》（大分県杵築市）の六万石を与えた（一六〇〇年正月）。

忠興は家老の松井康之《まついやすゆき》を送って、この飛地を治めさせた。その年の七月に関ヶ原合戦が起こった。細川忠興は合戦の最前線で奮戦し、その手柄で豊前小倉《ぶぜんこくら》三九万六〇〇〇石を与えられた（一六〇二年）。

この二年後に忠興は息子の細川忠利に家督を譲り、隠居した。忠利の時代に、細川家は熊本五四万石の有力大名となった。加藤清正の子熊本藩主忠広《ただひろ》が改易《かいえき》されたためである。

肥後《ひご》に移ったあと細川忠興は、隠居料としての八代《やつしろ》で九万五〇〇〇石の領地を治めた。名門細川家の再興ともいえる熊本藩の成立を見届けた一三年後に、八三歳の忠興は八代の地で没した。

山縣有朋《やまがたありとも》

享年八四（一八三八―一九二二）

［略歴］

山縣有朋は、明治―大正期の軍人・政治家で、長州《ちょうしゅう》藩の下級武士の家に生まれた。かれは若い頃から槍術《そうじゅつ》の稽古に励むと共に、松下村塾《しょうかそんじゅく》で学問を修めた。

長州戦争が始まると山縣は奇兵隊《きへいたい》に入り、軍隊の指揮官としての資質を開花させた。さらに明治維新のあと山縣は日本陸軍の創設に加わり、やがて陸軍の指導者にのし上がった。

このあと山縣は政界にも進出し、枢密院《すうみついん》や貴族院《きぞくいん》、官界に自派の勢力を拡大していった。

忙しい日常を送った山縣であったが、自己の健康管理に細心の注意をはらって生活していた。

明治時代後半に山縣は、伊藤博文《いとうひろぶみ》と並ぶ政界の巨頭になった。そして伊藤がハルピンで暗殺されたのちは、山縣が天皇を支える元老《げんろう》の中の最有力者となった。

宮中某重大事件《きゅうちゅうぼうじゅうだいじけん》（一九二〇年）で山縣の権威は低下したが、山縣は死の直前まで元気に過ごしていた。

独自の半身浴で健康を手に入れる

山縣有朋は、長州藩の蔵元附仲間組《くらもとつきなかまぐみ》（倉庫の管理人）という足軽《あしがる》より身分の低い下級武士の家に生まれた。かれは少年時代に槍《やり》の修行に励み、槍術で身を立てようと考えた。そして一九歳の時に、山縣は名人と呼べる境地にまで達した。

このあと山縣は尊王攘夷《そんのうじょうい》の思想にひかれ、吉田松陰《よしだしょういん》の松下村塾に入門した。松下村塾で山縣は高杉晋作《たかすぎしんさく》と知り合い、かれの勧めで奇兵隊に入隊した。

そして高杉の病没後、山縣は奇兵隊の指導者となった。この頃から軍隊の指導者としてのかれの力量が、周囲に評価されるようになっていった。そのため山縣は、明治維新後に、軍事制度の視察にヨーロッパ、アメリカに派遣された。

さらに帰国後に、山縣は兵部少輔《ひょうぶしょうゆう》に任命されて、近代戦に備えるための軍制改革を担当することになった。このあと兵部省が、陸軍省と海軍省に分けられた（一八七二年）。このとき山縣は陸軍大輔《たゆう》となり、陸軍の実権をほぼ握ることになった。

山縣は、武士の軍隊に代わる国民の軍隊をつくるために、徴兵制の実施を主導した。そしてその功績で山縣は、まもなく陸軍卿に任命された（一八七三年）。日本陸軍の近代化は、ほぼ山縣の手で行なわれたと言ってよい。

日清《にっしん》戦争の時に、山縣は大きな失敗をした。この戦いでは、陸軍の二人の有力者が前線で指揮官をつとめることになっていた。そのため長州閥の山縣が第一軍指揮官、薩摩《さつま》閥の大山巌《おおやまいわお》が第二軍指揮官となって海を渡った。

ところが、中国の遼東《りょうとう》半島の九連城《きゅうれんじょう》まで来た時に、山縣が胃腸病を発症した。そのため山縣は戦争の途中で帰国し、薩摩閥の野津道貫《のづみちつら》が第一軍指揮官とされた。

山縣はもともと胃腸が弱かった。それでも若い時は暴飲暴食を繰り返していた。しかし日清戦争での失策のあたりから、山縣は食事に気を遣うようになった。魚と野菜を中心とした食事に切りかえたうえに、胃腸に不調のきざしがある時には、繊維を抜いた野菜や、すりつぶした野菜を食べた。

かれは朝、昼、晩の三食の分量と味つけをきっちりと決めて、それを守り続けた。また日本酒をがぶ飲みするのを止めて、適量のワインを嗜《たしな》むようにした。

山縣は、もともと飲食には用心深かったという話もある。維新前の長州藩の若い武士は、よく集まって河豚鍋《ふぐなべ》を肴《さかな》に酒を飲んでいた。ところが山縣は、そのような席に来た時でも鯛鍋《たいなべ》を頼んだ。河豚の毒にあたるのを避けるためだ。

多くの者は、そのような山縣を冷やかな目で見ていた。しかし高杉晋作だけは、山縣がいる時だけ山縣に付き合って鯛鍋を食したという。山縣は若いうちから、「将来、名のある人物になろう」という大望を抱いて、身体を大事にして過ごしていたのだろう。

山縣は、十分に眠りをとるように心掛けて生活していた。またかれ独自の健康法として、半《はん》身浴《しんよく》があった。それは、次のような手順で行なわれた。

①タライに熱い湯を入れる。

②タライの中に座る。

③体の上から毛布をかぶり十分間静止する。

④湯から出て、体の汗を拭き取って寝る。

山縣は、このような半身浴をすると深く眠れると語っていたという。その他に山縣は、高齢になるまで槍術の稽古を欠かさなかった。これが適度な運動になって、かれに長寿をもたらす一因となったとみてよい。

山縣は、二回首相をつとめた（一八八九年、一八九八年）。そして第二次山縣内閣の時に、軍部大臣現役武官制が制定された。これによって陸軍と海軍が大臣を出さなければ、首相候補者は内閣を組織できなくなった。

山縣が、軍部の政治介入の流れをつくったことになる。さらに山縣は、伊藤博文の没後に元老の第一人者となり、首相選定の主導権を握った。

政党の活躍が活発になる大正期になると、天皇が内閣に政務を委任する形の「立憲君主制《りっけんくんしゅせい》が望ましい」とする声も広まった。これに対して山縣は、あくまで天皇親政《てんのうしんせい》にこだわり、政党を軽視した。

かれは「有力な重臣たちが天皇を補佐する形をとることによって、強い指導力をもつ政権を作り日本を発展させていこう」と考えたのだ。個々の議員が私利私欲にもとづいて国会で勝手な主張をすれば、国はまとまらないというのである。

そのような立場にたつ山縣であったが、立憲政友会《せいゆうかい》総裁の原敬《はらたかし》だけは評価していた。原の無欲で清廉《せいれん》なところが気に入ったらしい。

山縣は長期にわたって「天皇の第一の補佐役」の立場で政治を主導した。しかし「宮中某重大事件」（一九二〇年）をきっかけに、かれの地位が揺らぎ始めた。

山縣が「皇太子妃に内定した久邇宮良子《くにのみやながこ》女王は、皇太子妃にふさわしくない」と主張したためである。これに対して皇太子の裕仁親王《ひろひとしんのう》（昭和天皇）は、「良子でよい」というお言葉を下した。

そのため山縣は、皇太子妃の問題で人心を動揺させた責任をとって、かれが在職する内大臣と枢密院議長の辞表を提出した。高橋節雄《たかはしよしお》という者が、それからまもない時期に（一九二一年三月）宴席に列席した山縣の様子を、このように記している。

「八四歳（数え年）の高齢である山縣公爵《こうしゃく》は、他人の助け無しに急勾配《きゅうこうばい》の梯子段《はしごだん》を上下される。また公爵は、座敷の隅の金屏風《きんびょうぶ》の菊花の絵がよく見えると言われた」

このあと山縣は高橋節雄に、「辞表が受理されたら、自費で新たに権威ある雑誌を発行したい」と語ったという。ところが雑誌の話をした六か月後に、山縣は風邪をひいた。

かれはそこから気管支炎を発症して、翌年一月に亡くなった。心不全であるが、老衰と言っても良い最期であった。山縣が明治、大正期の日本の発展のなかで大きな功績を残したのは確かである。

しかし日本の陸海軍のなかには、山縣の影響を受けた薩摩閥、長州閥の将校が多くいた。このあとかれらとかれらの後輩が、軍備拡大、植民地獲得を主張して政界に圧力をかけていく。山縣が太平洋戦争への道筋をつけたのは確かである。

東郷平八郎《とうごうへいはちろう》

享年八六（一八四八―一九三四）

［略歴］

東郷平八郎は明治―昭和期の海軍軍人である。

薩摩藩士の家に生まれた東郷平八郎は、生涯で多くの戦いを経験した軍人であった。かれは若い時に薩英《さつえい》戦争に従軍したのち、戊辰《ぼしん》戦争で官軍の艦隊の一員となり、幕府海軍との海戦を経験した。

そのあと新政府の海軍に入った東郷は、部下を魅き付ける人間味の持ち主であったために、頭角《とうかく》を表していく。日露《にちろ》戦争の時にかれは連合艦隊の指揮官として、日本海海戦でロシアのバルチック艦隊に大勝した。

東郷は、自らの健康に気遣う養生家《ようじょうか》であった。好き嫌いを言わず何でも食い、医師の指示に従って病気の予防につとめた。東郷は、多くの海軍将校に慕《した》われた。そのような東郷が軍備拡張を唱《とな》える軍人に加担したため、日本は太平洋戦争への道を歩むことになった。

「われわれは病気に対しても勇者でなければならない」

前項で取り上げた山縣有朋と東郷平八郎は、とらえ方によっては、「日本を悲劇的な太平洋戦争に導いた元凶《げんきょう》」であったことになる。

山縣有朋は、明治・大正期の陸軍に大きな影響を与えた。これと同じように、東郷も大正期から昭和初年にかけての海軍の「影の指導者」と呼ぶべき立場にあった。

健康に細心の注意をはらって過ごし、長寿に恵まれたおかげで東郷は、老年まで海軍に対する指導力を持ち続けたのである、

東郷の、次のような名言がある。

「われわれは病気に対しても勇者でなければならない」

これは東郷が軍令部参謀《さんぼう》の小笠原長生《おがさわらながなり》にかけた言葉だという。東郷は軍令部長であったときに、病気をおして出勤してきた小笠原に会った。血の気のない小笠原の顔を見た東郷は小笠原に、「勇者であれ」と言った。

そのあと東郷は、病人にとっての勇者とは、「医師の指示をよく守り、決して無理をせず養

生する者である」と説いた。この説得に従って、小笠原は「医師の許しを得るまで外出を控える」ことを東郷に約束した。

「お前は病気だから、おとなしくしておれ」と言えば相手は反発する。小笠原は事務仕事の多い軍令部の仕事が遅滞《ちたい》すると、海軍全体に不具合が生じるかもしれないと考えていたであろう。相手は軍人だから、東郷は軍人の誇りを傷付けないように、「病気と戦う者は勇者だ」という言葉を選んだとみてよい。

このように人情の機微《きび》に通じていたから、東郷は多くの海軍軍人に慕われた。

東郷は肉に偏《かたよ》らない食事を摂《と》り、運動不足にならないように心掛けて生活していた。そのうえでかれは、健康のために医師の助言を重んじた。

かれは酒豪で知られる上村彦之丞《かみむらひこのじょう》海軍大将が亡くなった時に、こう言った。

「かれは病気の時に医師の指示に従わねばならなかったのに、聞く耳を持たずに寿命を縮めた」

上村が医師に酒を止められても、大酒を飲み続けたためだ。

東郷が健康食として好んだ物は、どじょうの柳川鍋《やながわなべ》だった。どじょうは、ビタミン、ミネラルの豊富な滋養食《じようしょく》だ。

軍人として常に体を鍛えていた東郷は頑強《がんきょう》であったが、何度か大病を経験した。三九歳の時に気管支カタルにかかり、約三年間にわたって療養生活をおくった。

さらに東郷は、六五歳の時に膀胱結石《ぼうこうけっせき》を患った。この三年後にかれは、結石を摘出する手術を受けた（一九一四年）。

このあと元気を回復した東郷は、戦艦八隻、巡洋戦艦八隻《せき》から成る「八八艦隊建造計画」を推進した。また、ロンドン軍縮条約の締結のときには、艦隊派と呼ばれる条約反対を唱える将校たちの後押しをした（一九三〇年）。東郷は薩英戦争の時の心の痛手《いたで》（トラウマ）によって、日本海軍の拡大を切望するようになったのではあるまいか。

薩英戦争は形の上では引き分けとなったが、薩摩軍は最新の装備をもつイギリス軍艦相手に苦戦を強《し》いられた。そのため明治政府の薩摩閥の有力者たちは、予算を惜しまず最新の軍艦を揃えようとした。

日清戦争が始まった時に、軍艦浪速《なにわ》の艦長の東郷は、豊島沖《ほうとうおき》でイギリス商船高陞号《こうようごう》への砲撃を命じ、相手を撃沈《げきちん》した（一八九四年）。高陞号が清国兵を輸送していたためである。

一つ間違えば、「自分が中立国の船を攻撃した責任を取らされる」場面であった。それでも東郷は、迷わずイギリス船を撃った。かれにとってそれは、「薩英戦争の意趣返《いしゅがえ》しであったのかもしれない。

日清戦争のあと東郷は順調に出世し、日露戦争の直前に連合艦隊司令長官に任命された（一九〇三年）。そして秋山好古《あきやまよしふる》という名参謀の作戦を採用して、日本海海戦に勝利し、日露戦争を終戦に導いた（一九〇五年）。これにより、東郷は世界から「イギリス史上のネルソン提督《ていとく》とならぶ名将」と評価された。

このあと東郷は海軍大臣と同格の軍令部長に出世するが、政治を好まなかったかれは大臣の地位を望まず、一介の軍人の立場を守りぬいた。大正時代に東郷は、皇太子であった裕仁親王（昭和天皇）の教育にあたる東宮《とうぐう》御学問所総裁という名誉ある職に迎えられている。

ロンドン条約の統帥権干犯問題《とうすいけんかんぱんもんだい》、つまり天皇の許可なく浜口雄幸《はまぐちおさち》首相が軍縮条約を結んだことが非難された事件のとき、東郷は軍備拡張を唱える海軍将校の肩をもった。この事件をきっかけに、政治に対する軍部の干渉が露骨になっていった。

統帥権干犯問題の三年後（一九三三年一二月）に東郷は重病にかかった。喉《のど》の激しい痛みに襲われた東郷が、帝大《ていだい》病院の増田教授の診断を受けたところ、喉頭がんとされたのだ。

東郷の過度の飲酒と喫煙が、がんを発症させたと思われる。がんは進行しており、摘出手術を施《ほどこ》すのは不可能だった。

そのために、最新のラジウム照射による治療が行なわれることになった。このとき、全国の大学病院と海軍病院、それに東京の近在の病院から、多くのラジウムが持ち込まれた。

「日露戦争の英雄の命を救え」

というのである。ラジウム治療を求める一般の患者は後回しにされた。一回目の治療のとき一三〇〇ミリグラムのラジウムが集められた。その価格は三五万円（現在の一億七五〇〇万円ほど）余りになった。

このあと五九回にわたって、ラジウム治療がなされた。ラジウム治療一回に一千数十ミリグラムのラジウムが必要だから、東郷のために六万三〇〇〇ミリグラムあまりのラジウムが用いられたことになる。

しかし翌年三月になって東郷は、気管支炎を発症した。そのうえ膀胱結石も再発した。

そのため東郷は治療のかいもなく、同年五月に亡くなった。

第五章

日々の生活の中で長寿を探る

宇《う》喜《き》多《た》秀《ひで》家《いえ》

享年八四（一五七二―一六五五）

［略歴］

安土桃山時代の大名、宇喜多秀家は、備前《びぜん》岡山城主の宇喜多直家《なおいえ》の次男であった。秀家が一〇歳の時に父の直家が没したが、秀家は羽柴《はしば》（豊臣《とよとみ》）秀吉《ひでよし》の後見のもとで、備前、美作《みまさか》、備中《びっちゅう》半国五七万石の所領を安堵《あんど》された。

このあと秀家は、信義《しんぎ》にあつい性格と優れた武勇によって、豊臣政権配下の有力な大名となっていった。

秀家は五大老《ごたいろう》の一人として扱われたが、関ヶ原合戦で西軍についたために領地を奪われた。

合戦のあと秀家は、徳川家康《とくがわいえやす》によって八丈島《はちじょうじま》に流された。赦免《しゃめん》されることはなかったが、秀家は八丈島でほぼ健康に過ごし、五〇年余りを生き抜いたのちに、老衰で亡くなった。

流刑地、八丈島で「不老長寿」の薬に巡り会う

東京の南方に連なる伊豆七島《いずしちとう》では、健康にいい食材があれこれ採《と》れる。イワシ、アジ等の青身の魚、ヒジキなどである。なかでも、島の野原に多くみられるアシタバ（明日葉）は不老長寿の薬ともされている。

アシタバを採ったところに、次の日に同じようにアシタバが広がったので、「明日になると生えてくる葉」を意味する明日葉の言葉が出来たともいわれる。アシタバは生命力の強い草である。

アシタバが茂る八丈島は、江戸時代には流刑地《るけいち》とされていた。最初にこの八丈島に送られた流人《るにん》が宇喜多秀家である。秀家は一〇歳で父を亡くし、羽柴（豊臣）秀吉のもとで育てられた。

秀家は周囲から「天性の信義人」と呼ばれるほどの律儀《りちぎ》な人間であった。かれは一四歳で秀吉の四国遠征に従って、手柄をたてた。

そして一七歳の時に、秀吉の養女となっていた豪姫《ごうひめ》を妻に迎えた。豪姫は、前田利家《まえだとしいえ》の四女であった。

秀吉の朝鮮出兵が始まると、宇喜多秀家は一軍の将として渡海した。そして二一歳のときにソウル北方の碧蹄館《へきていかん》で朝鮮王国の援軍に来ていた中国明《みん》朝の大軍を破った。これで秀家の勇名が国内に知れわたった。

ところが豊臣秀吉が亡くなったことによって、宇喜多秀家の運命は暗転した（一五五九年）。秀吉は自分の子の秀頼《ひでより》を後継者として指名したが、有力大名たちが秀頼を軽んじて、思い思いの動きをするようになったのだ。

秀吉のもとで育った宇喜多秀家は、豊臣秀頼を支えていこうと考えていた。ところが徳川家康が、幼い秀頼を差し置いて思うままに国政を主導するようになった。

徳川一派と呼ぶべき大名の集団がつくられていったが、家康のお誘いの声は、宇喜多秀家にかからなかった。

そうしているうちに、石田三成《いしだみつなり》が打倒徳川の兵を挙げた。秀家はただちに三成に応じ、まもなく関ヶ原で徳川方と戦うことになった。

関ヶ原の合戦で、宇喜多勢はめざましい活躍を見せた。まず宇喜多勢の先鋒の明石全登《あかしてるずみ》が、正面の福島正則《ふくしままさのり》の軍勢を激しく攻めたてた。そのため味方の苦戦を見た後方の桃配山《ももくばりやま》の上の徳川家康の本隊が福島勢の応援に出て来た。

すると徳川が動いたのを見た小早川秀秋《こばやかわひであき》の大軍が、松尾山《まつおやま》を下りて総攻撃にうつった。

これで勝敗は決まった。石田方の軍勢が次々に敗れていく中で、秀家は家臣の勧めによって戦場を逃れた。

このあと秀家は薩摩に落ち延びるが、島津《しまづ》家の手で徳川家康に引き渡されて駿府《すんぷ》（静岡市）の久能山《くのうざん》に幽閉《ゆうへい》された。関ヶ原合戦の二年後に、秀家は出家《しゅっけ》して休復《きゅうふく》と称した。

さらにその三年後に、秀家とかれの二人の息子は九人の家臣と共に八丈島に送られた。

このとき秀家（休復）の妻の実家である前田家は、加賀《かが》藩医の村田助六《むらたじょろく》を秀家の侍医《じい》として八丈島に派遣した。

そのため秀家ら一三人の一行が八丈島に行き、秀家の妻の豪姫は娘と共に久能山から金沢に帰ることになった。秀家と豪姫の間には、二男一女が生まれていた。

この時代の八丈島の島役所の流人の扱いは、寛大であった。流人は罪人扱いされることなく、自由に生活できた。

前田家は宇喜多秀家の生活費として二年に一度、金品を送っていた。金三五両と米七〇俵、衣類、医薬品、雑貨などが島に運ばれて来たのだ。

秀家たちは八丈島の島民にならって、米に雑穀、野菜、昆布、ひじきなどを混ぜた食事をしていたとある。八丈島では米は採れなかったが畑で、麦、粟《あわ》、稗《ひえ》などがつくられていた。

宇喜多秀家の一行は、畑作をしたり、山野でアシタバなどの山菜を採ったりしたのだろう。また海岸に出て、イワシなどの小魚を釣って海草を集めたとみてよい。

時には、島民が沖に出て捕らえたカツオ、シイラなどの大型の魚を買って贅沢《ぜいたく》をすることもあったと考えられる。

宇喜多秀家は、村田助六のおかげで漢方《かんぽう》医療の恩恵を受けることができた。そのうえで離島の生活で十分な運動を採ったことや、体に良い素食《そしょく》をしていたことによって、秀家は当時としては珍しい長寿に恵まれることになった。

不自由なことも多かったが、山や海の自然に恵まれた地で過ごした秀家の生活は、かれにとっては楽しいものであったのかもしれない。

宇喜多秀家は、仇敵《きゅうてき》と呼ぶべき徳川家康の孫の家光《いえみつ》（一六五一年没）や忠長《ただなが》（一六三三年没）が亡くなった後まで生きた。

宇喜多秀家に仕えた医師、村田助六も長生きした。かれは、三三歳の時に藩から八丈島行きを命じられた。

宇喜多秀家が亡くなった時に村田は帰郷することを望んだが、加賀藩はそれを許さなかった。

そのためかれは島で五三年過ごして八六歳で没した（一六五六年）。八丈島での食生活が身体に良かったおかげで、かれが長生きできたのだろう。

宇喜多秀家の長男・秀隆《ひでたか》は、島の代官奥山縫殿助《おくやまぬいどのすけ》の娘と結婚し、二子をもうけた。秀隆の弟の秀継《ひでつぐ》は現地妻を迎え、二人の子に恵まれた。

江戸幕府が倒れたあと、明治政府の宇喜多一族への赦免状《しゃめんじょう》が出された（一八六九年）。この時に、秀家の子孫は二〇家に分かれていた。

徳川家康は、関ヶ原合戦の敵方の主謀者である石田三成の子孫の罪は問わなかった。ところが、宇喜多秀家の子孫たちは、江戸時代の終わりまで海の彼方の八丈島に閉じ込められていたことになる。

考え方によっては、「関ヶ原で東軍が宇喜多秀家の奮戦によって負けた」かもしれない場面があった。

このことによって徳川家康の子孫は宇喜多秀家を恐れ、かれらを八丈島に置いておいたのかもしれない。

島井宗室《しまいそうしつ》

享年七七（一五三九―一六一五）

［略歴］

「家業に励むことが健康長寿をもたらす」と豪語した豪商がいた。戦国時代から江戸時代はじめにかけて活躍した博多《はかた》の豪商、島井宗室である。

宗室は自ら信じた「商人道」とでも呼ぶべき人生をひた走った。かれは権力者を一切恐れず好き勝手にふるまった。それゆえ宗室を「孤高の人」とか「奸《かん》商《しょう》」とか評する者もいる。

宗室は博多の有力な商家に生まれた。そして家業を嗣《つ》いだあと、明や朝鮮王国を相手に手広く貿易を営み、博多で一、二を争う豪商に伸し上がった。

かれは堺《さかい》の豪商との交流の中で、茶の湯を身に付けた。織田信長《おだのぶなが》が九州に勢力を伸ばそうとした時、宗室は反発した。しかし豊臣秀吉が天下を取ったあと、かれは秀吉の朝鮮出兵を支え、勢力を拡大した。

商いに必要な健康は「早寝早起きよく働くこと」

九州遠征によって島津義久《しまづよしひさ》を従えた（一五八七年）あと天下人となった豊臣秀吉が、島井宗室に、こう尋ねたことがあった。

「武士と町人と、どちらが良いか」

これに対して、宗室は堂々とこのように答えたという。

「町人の方が良うございます」

この会話は、秀吉が博多の二人の有力者である宗室と神谷宗湛《かみやそうたん》を茶会に招いたときになされたものだ。中国、朝鮮への進出をもくろむ秀吉は、明や朝鮮王国と手広く貿易を営む二人の有力者を味方につけておかなければならなかった。

このとき秀吉は、「話によっては島井と神谷を大名に取り立ててもかまわない」とまで考えていたらしい。ところが宗室は一片の迷いもなく「配下の小大名になれ」という秀吉の誘いを退《しりぞ》けた。

町人が良いという答えにとまどった秀吉は、続けて宗室に問うた。

「何が望みか」

　すると宗室は、こう言った。

「海を頂きたく存じます」

　海は、誰のものでもないはずだ。天下人《てんかびと》の秀吉にあっても、かれに日本を囲む広い海を与えるわけにはいかない。この時に宗室は、その言葉で、このような自分の考えを秀吉に伝えたのだ。

「私は今後も、これまで通り手広く海外と貿易するので、あなたは私の商いに一切、干渉しないでいただきたい」

　こんな態度をとれば、「生意気なやつだ」と斬《き》られるかもしれない。しかし宗室は権力者を怖れず主張を貫いた。これに対する秀吉も、懐《ふところ》の広い人物だった。秀吉は宗室を気に入り、このあとかれをあれこれ引き立てたのだった。

　島井宗室は、商いに関して独自の理念を持っていた。かれは亡くなる少し前（一六一〇年）に、自らの考えを一七ヵ条の遺訓《いくん》にまとめて、養子の島井信吉《のぶよし》に与えた。

　その中には、健康管理を重んじよと教える次のような遺訓も含まれている。

「朝は早く起きて、日が暮れたらすぐに寝るように」

「出来るだけ、こまめに身体を動かすように」

「商人は、馬や駕籠《かご》を用いず、歩くように」

「病身では何も出来ぬ。だから毎年五、六回は灸《きゅう》を据《す》え、必要に応じて薬の服用を心掛けるように」

早寝早起きで、よく働くことが健康のもとだというのである。しかしそれだけではなく、専門の医師を頼ることも必要だ。だから年に数回鍼灸師《しんきゅうし》にかかり、病気になる前に漢方医《かんぽうい》の処方を求めよと宗室は説く。

宗室自身も、遺訓に記された通りに、健康第一の生活を送っていたのだろう。

島井宗室は、一切の贅沢《ぜいたく》を断って商売に励む生活を送っていた。かれの遺訓の中に、宗室が若い時には下人《げにん》同様の食生活を送っていたことが記されている。

また『島井宗室日記』に、宗室の人柄を伝える興味深い話がある。毛利輝元《もうりてるもと》が宗室に、かれの先祖のことを尋ねたことがある（一五九八年）。この時、宗室はこう答えた。

「自分の家柄について知ってはいますが、先祖のことを話題にするのは、相手に恥辱《ちじょく》を与えるのに似た行為であります」

これを聞いて輝元は、「粗忽《そこつ》なことをした」と、詫《わ》びたという。宗室は「自分の仕事ぶりを見て、自分を評価してほしい」と考え、先祖の自慢などは不要と言ったのだ。もっとも後にまとめられた系図は、「島井家は藤原《ふじわら》氏の流れをひく」と記している。

大友宗麟《おおともそうりん》が博多を支配していた時期に、島井家は大友家と結んで海外貿易で儲けた。ところが島津家の勢力がじわじわと拡大していき、大友家を圧迫しはじめた。

このあたりで宗室は大友家に見切りを付け、全国統一を目指す織田信長に接近しようともくろんだ。しかし堺の豪商津田宗久《つだそうきゅう》を介して信長にはたらきかけたところ、信長が国を乱す人間であることに気付いた。

信長は天皇を軽んじ、豪商を力で抑えようとしている。そのため宗室は、反信長の陣営に接近した。宗室が本能寺《ほんのうじ》の変の仕掛人の一人だとする説も出されている。

それは皇室の意向で秘かに反信長勢力がつくられ、それが明智光秀《あけちみつひで》を動かして本能寺を攻めさせたとするものだ。「信長抹殺」の指令は公家を通して堺の豪商に下され、そこから光秀や島井宗室らに伝えられた。

本能寺の変が起こった前夜、信長は島井宗室と神谷宗湛を招き茶会を開いた。宗室らは信長の動きを探り、明智勢に知らせる役割を与えられていたらしい。そして宗室らの知らせを受けて、明智軍が本能寺に突入した。

このあと宗室と神谷宗湛は、本能寺から脱出した。しかもかれらは信長の秘宝である「空海《くうかい》筆千字文《ひっせんじもん》」と「遠浦帰帆図《えんぽきはんず》」を持ち出した。

明智軍は密約に従って、貴重な美術品を持った二人の豪商を黙って通したのである。本能寺から持ち出された二点の宝物は、現在は重要文化財になっている。島井宗室は商人でありながら、「忍《しの》び」なみの働きをしたことになる。

博多の町は、九州に戦乱が続く中で焦土《しょうど》となっていた。そのため豊臣秀吉は島津家を従えたあと、博多の町の復興を命じた。このとき博多の再建を主導したのが島井宗室と神谷宗湛であった。

このあと博多は、朝鮮出兵の兵站基地《へいたんきち》として大いに繁栄した。豊臣政権のもとで島井家は全盛期を迎えたのだ。

しかし徳川家が政権を握ったあと、海外貿易はしだいに幕府の主導のもとにおかれるようになっていった。こういった中で、宗室は商売の中心を貿易から金融に移す。晩年の宗室は、中風《ちゅうぶう》（脳出血か）を煩《わずら》い、半身が不自由になっていた。そういった中で大坂の陣による平和が実現された。それからまもなく戦乱の世を生き抜いた豪商宗室は、自宅で病死した。

大久保忠教《おおくぼただたか》

享年八〇（一五六〇―一六三九）

［略歴］

「彦左衛門《ひこざえもん》」の通称で知られる戦国―江戸時代の武士、大久保忠教は、松平《まつだいら》（徳川）家の有力な家臣大久保忠員《ただかず》の子として生まれた。しかしかれの母が側室《そくしつ》であったため、かれは正室の子である兄たちほど出世できなかった。

忠教は一六歳で初陣《ういじん》を体験した。そのあとかれは徳川家康の主な合戦に従軍して多くの手柄を立てた。

それらの戦いのなかで、かれの三人の異母兄が戦死した。のちに忠教は徳川家の旗本《はたもと》の一員となり、大坂夏の陣では徳川家康の本隊の鑓奉行《やりぶぎょう》を務めた。

大坂の陣のあと平和が訪れ、軟弱な徳川家の家臣もふえていった。そのため忠教は七〇歳頃になって、戦国武士の筋を通した生き方を後世に残すために『三河物語《みかわものがたり》』を記した。この『三河物語』は、武士道を伝える名著だとされている。

鰹節と雑穀を中心とした質素な健康食

大久保彦左衛門を「天下の御意見番《ごいけんばん》」として描く、講談や物語が多く残されている。若き三代将軍徳川家光に対して、遠慮のない批判をする老臣《ろうしん》「彦左《ひこざ》」のふるまいは、痛快である。

しかし「天下の御意見番」の話の多くは後世に創作されたものにすぎない。ただしかれが、身近にいる若い旗本、御家人《ごけにん》たちに、「武芸に励《はげ》め」とあれこれ説教していたことは認めてよい。

徳川家康は、大久保忠教のような素朴で忠誠心のつよい多くの家臣に支えられて天下を取れた。忠教の時代に、家康のもとで徳川家臣団という村社会ができていた。

そこの年長の家臣は、自分の子供たちを厳しく躾《しつけ》たりしたうえで、周囲の若い武士たちにもわが子に対するのと同じようにあれこれ教えた。

しかも徳川家康は、譜代《ふだい》の家臣たちに自由に自分を批判させた。そして家臣の意見を正当なものだと評価したときには、自らの行為を改めた。

つまり「天下の御意見番」彦左衛門のような人間は、徳川家臣団の中に多くいたのである。

そのような優秀な家臣団を育てた家康の手によって、国内に平和が実現された。

大久保忠教は、一時期、将軍徳川家光《いえみつ》の御伽衆《おとぎしゅう》（雑談相手）の一員であった。そのときの忠教の行動が、誇張されて「天下の御意見番」の話になったのかもしれない。

『翁草《おきなぐさ》』という江戸時代中期の随筆集に、次のような話が記されている。

「大久保忠教が病床についた井伊直政《いいなおまさ》のところに見舞いに来た。かれは見舞品として、小さな鰹節《かつおぶし》を持参した。『こんな物を』と不思議に思う直政に対して、忠教はこう言った。

『貴殿《きでん》は高禄《こうろく》を取り、お屋敷は立派で、衣食も贅沢じゃ。だからこそ、かような病気にかかるのじゃ。拙者《せっしゃ》は、朝夕に鰹節を食べる生活じゃから、このように丈夫なのじゃ。貴殿も少しは贅沢を控えなされ』」

江戸時代以前には、鰹節は健康食品とされていた。それには、気血《きけつ》を補い胃腸を整える効果があるといわれた。

さらに大久保忠教は、雑穀を主食としていた。雑穀には上質の蛋白質《たんぱくしつ》やビタミン、ミネラルが多く含まれている。鰹節と雑穀を中心とする食事が、忠教に健康をもたらしたのだ。

さらに忠教は、日常的に武芸の鍛錬を欠かさなかった。これが健康を維持するためのよい運動になった。身体にやさしい食事と、適度の運動が、大久保忠教の長寿のもととなったのだ。

大久保忠教の先祖は、下野国《しもつけのくに》の有力な武家であった宇都宮《うつのみや》家の分家である。宇都宮泰藤《やすふじ》という者が、南北朝時代に三河に移住した。さらに泰藤の曽孫にあたる宇津泰昌《うつやすまさ》が、松平信光《のぶみつ》の家臣になった。信光は、徳川家康の六代前の先祖である。

宇津家は松平家に仕えたあと、名字を大久保と改めた。大久保忠教の時代に、大久保家は松平（徳川）家の有力な譜代となっていた。

大久保忠員の八男であった大久保忠教は、一五歳の時に徳川家康に初見し、徳川家臣団の一員とされた。そしてその翌年にかれは、長兄の大久保忠世《ただよ》に従って遠江《とおとうみ》犬居《いぬい》城（浜松市）攻略に加わり、手柄を立てた。

このあと忠教は兄の忠世の配下として活躍した。そして忠世の没後に忠教は、忠世の子の忠《ただ》隣《ちか》の指揮下におかれた。この間に忠教は、遠江高天神城《たかてんじんじょう》（掛川市）攻略（一五八一年）と上《うえ》田城《だじょう》（長野県上田市）攻め（一五八五年）で、大きな働きをした。

忠教の甥の大久保忠隣は小田原《おだわら》城主となり、二代将軍徳川秀忠の側近として権力をふるった。しかしかれは、政敵にあたる本多正信《ほんだまさのぶ》の陰謀によって改易《かいえき》された（一六〇九年）。

大久保忠教は甥の忠隣の配下として、武蔵《むさし》の埼玉郡の二〇〇〇石の知行《ちぎょう》を与えられていた。そして大久保忠隣が失脚したあと、忠教は徳川家康に召し出されて徳川の直臣（旗本）とされた。家康がかれの武勇を評価したためだ。しかしこのとき忠教の知行は三河の額田郡《ぬかた》(幸田町《こうだ》)内の一〇〇〇石とされた。

大久保忠教はこのあと大坂冬の陣、大坂夏の陣に従軍した。そして六〇代になって、旗奉行に任命された(一六二三年)。さらにその翌年にかれは、一〇〇〇石の加増を受けた。

大久保忠教は七〇歳前後のときに、『三河物語』を記した。それは大久保家の先祖のはたらきや、自分自身の回想を子孫に伝えるためのものであった。

忠教は、この『三河物語』を「門外不出」の書とせよと記している。その理由として、『三河物語』は、わが大久保家の記録であり他人のことを書いてはいない書物である点をあげる。

現在でも、大久保忠教自筆の『三河物語』が残っている。また「門外不出」とされた『三河物語』が評判になったことで、『三河物語』の写本が幾つもつくられた。

忠教自身は、『三河物語』に他人のことは記していないと謙遜したが、現在では『三河物語』は徳川家康関連の合戦研究の重要な手掛かりになっている。

忠教は晩年になると、肩こりや手足のしびれに苦しめられたとある。またその頃からかれは、物忘れが激しくなった。物の名前や人の名前を思い出せないことも多かったという。

いろいろな不平不満が重なったことから来るストレス(精神的緊張)が、かれの健康をじわじわ損なっていったらしい。

晩年の忠教は日頃から繰り返し、こう語っていた。

「将軍家は、この頃、実務に長じた者ばかり優遇し、武芸に優れた者を軽く扱うようになった。まるで徳川家が我らのような勇者の働きによって天下を取ったことを、お忘れになったようだ。武骨《ぶこつ》な武人は嫌われ、上役の機嫌取りに長じた文官が出世する嫌な世の中になった」

時代が変わったことを悟《さと》って、趣味を楽しむ控え目な生き方が出来れば、忠教はもう少し長生き出来たかもしれない。老年の忠教の身体の不調から、かれが脳動脈硬化症で亡くなったのではないかとする説（篠田達明『日本史有名人臨終図鑑』）もある。

天野長重《あまのながしげ》

享年八五（一六二二―一七〇五）

［略歴］

弥五右衛門《やごえもん》の通称をもつ江戸時代前期の旗本、天野長重は、戦国動乱のおさまった江戸時代はじめに生まれた。しかしかれは、戦国時代の気風を強く持った人物であった。かれは一四歳で、父の後を継いで幕府に仕えた。

長重が一九歳の時に、島原《しまばら》の乱が起こった。かれは九州におもむき、幕府軍の一員として奮戦した。

そして六九歳になった時に、五代将軍徳川綱吉《つなよし》からその時の働きに対する称賛の言葉を賜《たまわ》った。

長重は旗本として、目付《めつけ》、御先手鉄砲頭《おさきててっぽうがしら》、鎗奉行、御旗奉行などを務めた。

長重が残した『思忠志集《しちゅうししゅう》』のあちこちに、健康関連の記述がある。また江戸時代には、長重の面白いふるまいを描いた『弥五右衛門咄《やごえもんばなし》』が広く語られていたらしい。

「太くなるは、必ず破れに近き相なり」

現在では、天野長重は歴史上、ほとんど無名の人物とされている。確かにかれは、歴史の流れを動かすほどの行為をしていない。また長重が、多くの人に読み継がれる優れた古典を残したわけでもない。

長重は、本書に取り上げた大久保彦左衛門（忠教《ただたか》）に似た立場、似た資質の旗本であった。ただし大久保忠教は、武士のあり方を記す『三河物語』という名著を残した。しかも長重より早く生まれた忠教は、大坂夏の陣（一六一五年）に参加して、真田信繁《さなだのぶしげ》（幸村《ゆきむら》）の決死の斬り込みから徳川家康を守るという手柄をたてた。

それでも江戸の人びとは、頑固で筋を通すが人情味のある天野長重の生き方に魅かれた。そのためこの後で紹介する『弥五右衛門咄』が残されることになった。

このような天野長重は、日頃から周囲の人びとに散歩つまり「ひたすら歩くこと」を勧めていた。かれは自分自身の経験から、「歩くことで元気になれる」ことを摑《つか》んでいた。

歩くことは、沈みがちな思いを改善し、食生活の乱れもなおす。たとえ鍼灸や薬の効かない病人であっても、歩くことで元気になると弥五右衛門は言う。

現代の医学でも、ウォーキングによって体内の新陳代謝をすすめ、免疫力を向上させられることが明らかにされている。歩くことによって、血液やリンパ液の流れが良くなり、体全体が活性化するというのだ。

ウォーキングは、脳のはたらきも活性化させる。それゆえ、認知症の予防として歩行を勧める医師もいる。

運動不足で体調を崩した者には、鍼灸も漢方薬も効かない。しかし家に引《ひ》き籠《こ》もって不健康になった者が、軽いウォーキングから始めて身体を動かす習慣をつけていけば、元気になる。

天野長重は長年にわたって身辺の雑事などを思いつくままに記した『思忠志集』を残した。そこには、健康管理に関する、きわめて多くの言説《げんせつ》が記されている。そのなかの幾つかを紹介しよう。

一六七七年一〇月一日の箇所に、次のようなことが記されている。長重がかれの三男に手紙を書いて、長々と説教した。三六歳になる長重の三男天野長頼《ながより》が、病床についていたからだ。

長重の手紙の中に、次の文章がある。

「太くなるは、必らず破れに近き相《そう》なりと古人《こじん》申《もう》し置《お》くなり」

古くから、「肥満は死につながる」と言われているではないか。お前は、そのことを知らないのかというのだ。

そのあとで長重は息子に、「お前は何も考えずに、食物を袋に詰め込むようにむさぼり食うから良くない」と教える。ゆっくり良くかんで、食事をしみじみ味わいながら食べよ。そうすれば、安易に食べ過ぎて太ることもないと長重は記した。

そのあとでかれは自分の三男に、「せめて七〇歳まで生きようと思うなら、一にも二にも歩け」と教えた。

また別の時に、天野長重は三か条の教諭書を、部下の息子にあたる岸右衛門八郎《きしえもんはちろう》に与えた。

そこにはこう記されていた。

一、父母に孝行《こうこう》しようと思うなら、何よりも自分の息災《そくさい》を心掛けなさい。

一、寝ても覚《さ》めても自分が武士であることを忘れず、武芸の修練に努めなさい。

一、武芸を稽古《けいこ》する前に、怪我をしない心得を習いなさい。

三つ目の教えから長重が、健康を武芸の精進《しょうじん》より重んじたありさまがわかる。

天野長重は、自分自身の戒《いまし》めとして、次の五項目を「武士の嗜《たしなみ》」としていた。

一、無病に力を尽くすこと。

一、朝は早く起きること。
一、お役目をしっかり果たすこと。
一、武芸の鍛錬に励むこと。
一、誠の心を大切にすること。

長重は武芸を評価されるより、誠の心を持った健康な人間として生きることを優先していたらしい。そのようなかれの生き方を伝える話が、『弥五右衛門咄』に幾つか見える。その一つを紹介しよう。

「ある日、弥五右衛門が江戸で評判の麩屋《ふや》である伊皿子《いさらご》町（港区）の孫平次《まごへいじ》の店を訪れた。主人が出て来ると、弥五右衛門がこう言った。

『私も試食してみたが、お前の店の麩の味わいの良さは、他の店のものをはるかに超えている。しかしお前の店の評判が高まると、お前は自ら誇って麩の値上げをするかもしれない。そうすると世間では、お前の店の麩の値段が他の店より高いことばかりが評判になって、せっかく絶品の麩を作っても売れなくなってしまうだろう』

店主は江戸の人気者である弥五右衛門が、わざわざそのような忠告に来たことに感激した。そこで店主は、『麩の値上げはしません』と弥五右衛門に約束した。

そのおかげで孫平次の店は、多くの客を集めて益々栄えたという」

御先手鉄砲頭をつとめていた時に、天野長重は新たに五〇〇石の加増を受けた。かれの父の天野長信《ながのぶ》が二五三〇石《こく》だったのに、長重は父の地位を軽く超える三〇三〇石取りの旗本になったのだ（一六八二年）。

この一二年後に、天野長重は七四歳で御旗奉行に任じられた。御旗奉行というのは、幕府の軍旗や馬印《うまじるし》を管理する、名誉な役職であった。

しかし戦時には忙しく働かねばならぬ御旗奉行だが、泰平《たいへい》が続く平時の御旗奉行は、これといった仕事のない閑職《かんしょく》であった。だから天野長重の時代には、功労のある老齢の旗本が御旗奉行を務めるのが慣例になっていた。

長重の長年にわたる勤勉な仕事ぶりが評価されたのであろう。

長重は健康第一を心掛け、八〇歳過ぎまで御旗奉行の任にあった。平素から、よく歩く習慣を守り続けたことが、長重に長寿をもたらしたのだろう。

渋沢栄一《しぶさわえいいち》

享年九一（一八四〇―一九三一）

［略歴］

明治―昭和期の実業家、渋沢栄一は武蔵《むさし》の血洗島村《ちあらいじま》（深谷市）の豪農の家に生まれた。かれは家業の農業と藍玉《あいだま》の製造、販売に励むと共に、学問と武芸を修めた。

このあと渋沢は幕臣《ばくしん》となり、日本の使節の一員としてパリ万博を訪れた。そこでかれは、日本の産業の育成の必要性を痛感した。

近代化しなければ、日本は西洋の強国に植民地化される、という危機感に背中を押されるように、渋沢は必死に働いた。

かれはまず明治政府に出仕し、新貨条例制定などの諸制度改革を主導した。ついでは民間の経済界に入り、多くの企業を起こした。

そのような渋沢は、良い仕事をするには健康が必要だとする考えをとった。そのためかれは「屈伸道《くっしんどう》」という独自の体操を熱心に行なった。

「病は気から」を日々の暮らしの中で実践

渋沢栄一は、「日本の近代化を民間から支えた超人」と評価すべき人物である。かれは生涯の大部分を、民間の実業家として過ごした。

日本の近代史にあって、政治家や軍人の活躍が目立ちがちである。しかし実際には、産業の育成や科学技術の発展に尽くした多くの民間人のはたらきなしには、日本の近代国家はつくられなかった。

明治の日本には、新たな産業を起こした豊田佐吉《とよたさきち》、安田善次郎《やすだぜんじろう》、浅野総一郎《あさのそういちろう》、御木本幸吉《みきもとこうきち》などの多くの偉人が出た。そういった実業家たちの中で、群を抜いているのが五〇〇余りの企業の創設に奔走《ほんそう》した渋沢栄一であった。

渋沢栄一は若い時に『論語《ろんご》』を学び、そこに記された儒教道徳《じゅきょうどうとく》に魅かれた。かれはのちに、自ら「道徳経済合一説」などと名付けた経済思想の普及につとめていく。

渋沢の考えを要約すると、次のようなものになる。

「実業家は利益を社会に還元するために、商工業の経営にあたらねばならない」

渋沢は一時は尊王攘夷《そんのうじょうい》運動に加わったが、まもなく縁あって一橋《ひとつばし》家の家臣になった。そして一橋（徳川）慶喜《よしのぶ》が一五代将軍になった（一八六六年）ために、渋沢は幕臣とされた。

このあと渋沢は、パリ万博博覧会（一八六七年）に派遣される慶喜の弟の徳川昭武《あきたけ》の使節団の一員に加えられた。かれはパリで使節団の経理を担当しつつ、フランスのサン・シモン主義者の経済政策を学んだ。

それは、「金と物と人と知恵を循環させることによって富が生まれる」とするものだ。つまり、新たな知恵（アイディア）を得て、金、物（機械や原料）、人（労働者）を用いて富を生み出す企業のはたらきによって、国が発展していくというのだ。

このあと渋沢は、そのような経済思想にたって企業を次々に起こしていくことになった。かれは帰国後、徳川慶喜に従って静岡に移り、そこで「商法会所」という株式会社を始めた。

しかし一年もたたないうちに、渋沢は新政府に迎えられて、大蔵省《おおくらしょう》で度量衡《どりょうこう》、郵便制度、貨幣制度、税制などを担当することになった。

渋沢はこのあと大蔵省で、大蔵小輔事務取扱《しょうゆうじむとりあつかい》（大蔵次官ほどの地位）にまで出世した。

しかしかれは前から、国の発展のためには民間企業の育成が必要だと考えていた。そのために渋沢は大蔵官僚を辞任して民間に下った（一八七三年）。

渋沢は最初に、第一国立銀行の創設を主導した。この時代の「国立」の銀行とは、国営のものではなく国の許可を受けて紙幣を発行できる銀行であった。

第一国立銀行の設立についで、渋沢は株式取引所や、紙幣づくりのための「抄紙《しょうし》会社（のちの王子《おうじ》製紙）」と「東京印刷（のちに解散した）」を立ちあげた。

このあと渋沢は、国内の流通を発展させるために、鉄道会社、損害保険会社、汽船会社を次々に起こしていった。

多様な企業の経営に関与する忙しい日々を送る渋沢栄一は、自分自身の健康に細心の注意をはらって過ごしていた。現代の日本では、働き過ぎで生活習慣病にかかる者が目立つようになっている。

しかし渋沢は、生活習慣病とは無縁の生活を送った。もともとかれは、「自分の健康は自分で作る」といった信念を持っていた。

渋沢は幼少時から、身体と精神を鍛えていた。かれは八歳の頃から神道無念流《しんとうむねんりゅう》という剣術の修行に励んでいた。さらに相撲も好み、人並み外れて強い腕力と腰のもち主になっていた。かれは相撲では、力まかせに押して押して押しまくる戦術をとったという。

渋沢はこのような武技を「健康と、困難に負けない精神力」をもたらすものだと考えていた。

そのためかれは、のちに「精神が弱れば、身体も弱る」という健康論を唱《とな》えた。つまり健康になるためには、精神を鍛錬《たんれん》せよというのである。

渋沢が七〇代はじめに記した『青淵百話《せいえんひゃくわ》』という本に、次のような記述がある。

「いったい（そもそも）人は、気で持つもので、気、すなわち精神の作用のいかんにより、身体はある程度まで左右されるものである。

小心翼々《しょうしんよくよく》の人がなにか難問題に逢着《ほうちゃく》した場合、夜分も眠れないとか、あるいは食欲が減退したとかいって、ほとんど半病人のようになる者もあるが、これはすなわち、身体が精神のために衰弱した好適例である。

かくのごとく精神の力とは実に怖ろしいもので、『病は気から起こる』という世のことわざには真理があると思う」

それゆえ渋沢は、気を若く持つことが長生きにつながると考えて、次のように記した。

「ともかく、いつでも気を若く持って、引っ込み思案をしないということが、健康にはなにより良策であるように思われる」

渋沢は健康のために、朝風呂を愛好した。かれは毎日、六時半か七時に起きて、入浴した。

さらに渋沢は、好き嫌いなく何でも食べた。平素は魚と野菜を中心とした素食であったが、まれに肉料理もたしなんだ。

渋沢は酒を飲まなかった。煙草は好きだったが、五五歳の時に口の中に腫瘍《しゅよう》ができた時から煙草を一切止めた。

渋沢は健康維持のために、何かある度《たび》に医師の助言を求めていた。それと共にかれは「屈伸道」という健康体操に励んでいた。このような諸点から、渋沢が何よりも健康を大切にしていたありさまがわかる。

渋沢は多くの企業を経営するかたわら、社会福祉活動にも力を入れた。長きにわたって東京養育院（現代の東京都保健長寿医療センター）の院長を務めたり、生活困窮者のための救貧《きゅうひん》院《いん》を起こしたりしたのだ。またかれは倫理感のある企業家の育成のために、東京商法会議所（のちの東京商工会議所）を立ち上げた。

渋沢は七七歳で、経済界から引退した。そのあとかれは、アメリカとの民間外交を推進して、アメリカとの相互理解を深めようとした。そういったなかで、渋沢は腸閉塞《ちょうへいそく》にかかり没した。九一歳で、ほとんど老衰といってもよい亡くなり方だった。

かれの世界平和への願いも空しく、渋沢が亡くなった年に起こった満州事変《まんしゅうじへん》（一九三一年）をきっかけに日本は戦争の時代に入っていった。

御《み》木《き》本《もと》幸《こう》吉《きち》

享年九六（一八五八―一九五四）

「商売を営んで成功者になりたい」という熱い思い持って生きた。

「商人は正直を旨《むね》とすべし」というのが、かれが生涯を通して重んじ続けた人生訓であった。

［略歴］

明治―昭和期の実業家、御木本幸吉は、三重県鳥羽《とば》の商家の子に生まれた。かれは子供の頃から、「商売を営んで成功者になりたい」という熱い思い持って生きた。

幸吉は、青物の行商や穀物の小売商を営んだのち、真珠《しんじゅ》の養殖に着手した。そして真珠の養殖を始めた一七年後に、真円《しんえん》真珠の養殖に成功した（一九〇五年）。この特許を受けたのちに、かれは各地に養殖場を拡大し、世界を相手に真珠を販売した。

一時は御木本真珠が、世界の真珠の六割を占めるまでになった。太平洋戦争で真珠の養殖は中断したが、戦後養殖真珠は拡大し、真珠は鳥羽の特産品として広く知られるようになった。

冷水浴と四股を踏んで体を鍛える

御木本幸吉は、じつに愛すべき人物である。生涯にわたって仕事に励み莫大な財産を築いたが、かれ自身は質素に過ごした。

幸吉は「他者を踏みつけて得をしよう」といった考えを一切持たない、正直な商売を続けた。しかしかれには、妙な癖《くせ》があった。冗談を言うのが大好きだったのだ。しかしかれの冗談は、聞きようによっては「嫌《いや》みたっぷりの法螺《ほら》」にも思えた。

かれ自身の健康にまつわる法螺話を、一つ紹介しておこう。

戦時中の、幸吉が八五歳になった時のことである。かれは親しい者たちに「困ったことになった」と語って回った。何事かと思い、わけを尋ねると、幸吉はこう言った。

「ずっと前に、朝熊山《あさまやま》の虚空蔵菩薩《こくうぞうぼさつ》（伊勢神宮《いせじんぐう》と縁の深い寺）に、『八五歳まで生きられますように』と祈願してあった。ところが、その八五歳になったが死ぬわけにはいかん。

戦争で真珠事業が行き詰まったので、九〇歳もしくは一〇〇歳まで生きて、真珠を再び広めねばならん。しかし虚空蔵菩薩に寿命の延期をお願いするわけにもいかん」

周囲の者にこのように語ったあと、幸吉は前島《まえじま》の不動尊《ふどうそん》（不動明王《みょうおう》）に寿命の延期を祈願するようになった。

朝熊山の虚空蔵菩薩というのは、伊勢市の朝熊山にある虚空蔵菩薩を祀《まつ》る金剛証寺《こんごうしょうじ》である。金剛証寺は伊勢神宮の鬼門《きもん》を守る寺として重んじられた。伊勢の人は、伊勢神宮に参拝して朝熊山に行かないのは「片参《かたまい》り」だという。

また前島の不動尊というのは、志摩《しま》市前島の金比羅山《こんぴらさん》にある爪切《つめきり》不動尊のことである。

御木本はその法螺話のあと、一〇〇歳目前の九六歳の長寿を得た。

このような幸吉の言動は、「俺は不動明王の守りを得て一〇〇歳まで生きられる」という法螺ともとられかねない。

御木本幸吉は、多くの名言を残した。その中に次のものがある。

「誰もやったことのない仕事に、やりがいがある」

かれはこの言葉通りに、誰もが不可能だと考えていた、アコヤ貝の養殖による真珠の生産に成功した。伊勢で手広く商売をしていたかれは三〇歳の年に、アコヤ貝の養殖に着手した（一八八八年）。そしてあれこれ工夫を重ねたのちに、はじめて半円真珠の養殖に成功した（一八九三年）。

この翌年に幸吉は養殖した真珠を、アメリカのシカゴ市で開かれたコロンブス博覧会に出品した。この頃からかれは、世界を相手に真珠を売り込もうと計画していたのだ。

さらにその二年後から幸吉は、すべての兼業を止《や》めて真珠事業に専念するようになった。しかしきれいな球形の真珠でなければ、市場価値は低い。そのため幸吉は、このあと真円真珠の開発に挑んだ。そして幸吉は四七歳の時に、はじめて養殖で五粒の真円真珠を得た（一九〇五年）。

このあと御木本幸吉は、養殖場を拡大し、世界のあちこちに支店を置いて御木本真珠を売り込んでいった。そしてこのあたりから、御木本は自分の健康に注意をはらって生活するようになっていった。

御木本幸吉は五〇歳の時に、地方新聞の記者に自分の健康法について次のように語った。

「私は事業に専念し、神仏を拝することが健康をもたらすと考えている。そして一年じゅう冷水浴を行ない、力をこめて柱を押したり、力士《りきし》のように四股《しこ》を踏んで体を鍛えている」

この段階ではかれは、元気な実業家といった印象である。ところが晩年になると、幸吉は養生のために細心の気遣いをするようになった。かれは七〇代始め頃に、『東京日々新聞』の記者にこのようなことを語った。

「毎朝五時に起床し、水浴をしたあと伊勢神宮と虚空蔵様（朝熊山）を拝む。そのあと一五分間運動をする。夜は床の中で腹を上から下へと数十回ていねいにさすり下ろしたあと、八時に眠る。

六一歳からは毎食麦飯一杯を主食と決めた。朝食はそれに味噌汁一杯、卵一個を加える。昼食は野菜の副菜、夕食は魚や鳥肉と梅干を副菜にする。

酒、煙草を用いず。一年中腹巻《はらま》きを欠かさないが、冬は薄着で過ごす。そして夜の宴会はなるべく避ける」

こういった記事から、早寝早起きと、腹八分の素食が、御木本幸吉に長寿をもたらしたと考えられる。

政治家の西園寺公望《さいおんじきんもち》が九二歳の高齢で亡くなった時、八三歳の幸吉は東京世田谷の西園寺公望の墓に参り、こう語ったという。

「まだ日本に用のあるこの御木本幸吉を、どうかあなたの年齢まで生かして下さい」

そしてかれは鳥羽に帰る途中で、西園寺の主治医であった名古屋医大の勝沼精蔵《かつぬませいぞう》を訪れた。

そしてかれに、「西園寺さまを長生きさせた経験を生かして、私の面倒もみて下さい」と頼んだ。

すると勝沼は幸吉に、「あなたは無理さえしなければ九五歳まで生きられる」と言った。

ほぼその言葉通りになったわけだが、御木本は老齢になったあと、年に数回の健康診断を欠かさなかった。

幸吉は自己流の健康法を行なっただけでなく、西洋医学の効用も知り尽くしていたのである。

御木本幸吉は、一代で財をなした成功者として知られた。しかしかれは、周囲の者のために気前よく金を遣《つか》った。

幸吉は自社の社長室に、いつも五〇〇円、一〇〇〇円、二〇〇〇円、五〇〇〇円を入れた封筒を幾つも用意していた。そして社員に臨時の用事を頼む時や、社員が特別の働きをした時に、相手に自らその封筒を渡したという。

鳥羽の一一六戸が焼けた大火の時、幸吉は素早く一〇〇〇枚の蒲団《ふとん》を用意して被災者に配った（一九一七年）。またかれは終戦の翌年に、自分の米寿《べいじゅ》（八八歳）を記念して、伊勢神宮に五〇万円、宇治山田《うじやまだ》市に五〇万円寄附した（一九四六年）。

御木本幸吉自身が、しばしば「私は猿田彦《さるたひこ》の子孫だ」と称していた。だからかれは生涯にわたり猿田彦の主家筋の伊勢神宮とそこと対になる朝熊山をあつく信仰していた。

自分の成功は、伊勢の地を守る神のおかげだというのだ。そのような幸吉は、現在でも郷土の偉人として鳥羽の人びとに慕われている。

第六章

貴族・芸術家・僧侶…
長寿を手に入れた数々の人びと

貴族

適度な運動と食事、最新の東洋医学で長生きを

○藤原国経《ふじわらのくにつね》　享年八一（八二八—九〇八）
○清原元輔《きよはらのもとすけ》　享年八三（九〇八—九九〇）
○安倍晴明《あべのはるあき》　享年八五（九二一—一〇〇五）
○藤原実資《ふじわらのさねすけ》　享年九〇（九五七—一〇四六）
○藤原頼通《ふじわらのよりみち》　享年八三（九九二—一〇七四）
○藤原教通《ふじわらののりみち》　享年八〇（九九六—一〇七五）
○藤原忠実《ふじわらのただざね》　享年八五（一〇七八—一一六二）
○藤原俊成《ふじわらのとしなり》　享年九一（一一一四—一二〇四）
○伏見宮貞成《ふしみのみやさだふさ》　享年八五（一三七二—一四五六）
○一乗兼良《いちじょうかねよし》　享年八〇（一四〇二—一四八一）
○三条西実隆《さんじょうにしさねたか》　享年八三（一四五五—一五三七）

奈良・平安時代に、天皇を中心とする貴族政権が栄えた。貴族たちは、中国の最新の文化を専有し、贅沢《ぜいたく》な生活を送っていた。

貴族社会は天皇に仕える限られた人間の閉鎖的な社会で、そこでは家柄にもとづく序列が重んじられた。とくに平安時代の中期を過ぎると、摂関家《せっかんけ》と呼ばれる藤原北家《ふじわらほっけ》の嫡流《ちゃくりゅう》と、村上源氏《むらかみげんじ》（村上天皇の子孫）などの限られた上流貴族が、朝廷の重要な地位を独占するようになった。

鎌倉幕府が誕生して、武家政権が政治の実権を握るようになった。そのあと、貴族の子孫は、「公家《くげ》」と呼ぶのにふさわしい集団に変わった。

公家とは、天皇のそば近くに仕える人びとである。かれらは平安時代の先例に従って朝廷の儀式を行なうと共に、和歌、漢詩、大和絵《やまとえ》、書、香道《こうどう》などの貴族の伝統文化を育てて受け継いでいった。

公家の社会でも、五摂家《ごせっけ》といわれる摂関家の嫡流を頂点とする家格が重んじ続けられた。『大宝律令《たいほうりつりょう》』（七〇一年）の流れをひく朝廷の位階《いかい》（正一位など）と官職《かんしょく》（太政大臣《だじょうだいじん》など）を授けることは、天皇独自の権限にもとづくものとされていた。

そのため、のちになると武士に官職を世話して得る謝礼が、貴族の収入源の一つになっていた。

上流の貴族や公家の伝記をみていくと、かれらの中に八〇代、九〇代の長寿に恵まれる者がかなりいたことがわかってくる。貴族、公家は多様な食材から成る均衡のとれた食事をしていた。しかもかれらは、発酵食を好んだ。また貴族、公家は物見遊山《ものみゆさん》、寺社詣《じしゃもう》でなどで適度な運動をしていた。こういったことが、貴族、公家の長寿をもたらしたのであろう。

さらに朝廷には東洋医学にたつ医術が普及しており、優秀な医師も多かった。皇室に仕える医師たちは、意欲的に中国の最新の医学知識を学び、その成果を書物として残した。

西洋医学が普及する前の段階ではあったが、深刻な感染症にかからない限り、老年まで生きる貴族、公家がかなりいたのだ。

このあと長生きした貴族、公家の例を紹介していこう。

平安時代なかばに、大納言《だいなごん》まで昇進した藤原国経という貴族がいた。かれは、摂政《せっしょう》太政大臣として朝廷を動かした藤原良房《よしふさ》の甥である。良房に子がなかったので国経の弟の基経《もとつね》が良房の養子になった。この基経は最後は摂政、関白《かんぱく》、太政大臣にまで昇進した。

藤原国経の晩年の、不名誉な話が『今昔物語集《こんじゃくものがたりしゅう》』に伝わっている。かれは八〇代という年齢で二〇代の美しい妻を迎えたという。ところが国経の兄の基経の嫡子《ちゃくし》、つまり国経の甥にあたる藤原時平《ときひら》が、伯父の妻に目を付けた。

この時、時平は三〇代であった。かれは伯父の国経のところに年始に行き、帰りがけに「引き出物を賜《たまわ》りたい」と頼んだ。国経がお世辞で何でもやるぞと答えると、時平は「北の方（奥様）をもらいたい」と言って、素早く国経の妻を連れ帰ったという。

国経は、この事件後まもなく亡くなった。かれにとっては、恋愛が長寿の秘訣だったのだろうか。

女流作家の清少納言《せいしょうなごん》の父を、清原元輔という。元輔は第一級の文人で、歌人でもあった。『今昔物語集』に、元輔の楽しみは、面白いことを言って人を笑わせることだったと記されている。

ある時、元輔が落馬したはずみに冠《かんむり》を落として、禿頭《はげあたま》を人前でさらしたことがある。このときかれは、周囲の人びとにこう言った。

「冠は、結った髪で固定するものだ。しかし私には髪がないから、落ちた冠を恨む筋合いはない」

このようなユーモアのセンスを持ち合わせていたおかげで、清少納言の父は明るい気持ちで長生きできたのだろう。

陰陽師《おんみょうじ》として知られる安倍晴明も長生きした。かれの師である賀茂保憲《かものやすのり》が内裏《だいり》の御剣《みつるぎ》を鋳造させたことがある。安倍晴明は老年になって、それがあたかも自分の手柄であるかのように語ったという。

藤原道長《みちなが》を能吏《のうり》として支えた藤原実資は九〇歳まで長生きして、道長の後を嗣《つ》いだ頼通《よりみち》のもとで右大臣にまで昇進した。かれの日記である『小右記《しょうゆうき》』は摂関時代の歴史を研究するための重要な文献となっている。

藤原道長の後継者となった関白藤原頼通も、八五歳という長寿に恵まれた。頼通は穏和な性格で、頼通政権下の貴族政権には目立った政争はなかった。

藤原頼通の弟の教通は、長寿では兄には及ばないが八〇歳まで生きた。教通は兄の没後に関白になったが、頼通の子孫が教通の没後に摂関家の嫡流を嗣いだ。

教通の次の関白が頼通の子の藤原師通《もろみち》で、この師通の孫が忠実である。関白を務めた忠実も長寿で、八五歳まで生きた。この忠実は長子の関白忠通《ただみち》より、かれの弟で学才で知られた左大臣頼長《よりなが》を気に入っていた。

ところが頼長は、保元《ほうげん》の乱（一一五六年）で後白河《ごしらかわ》天皇らと戦って敗れた。このとき頼長は父の忠実を頼ったが、忠実が見放したので自殺した。忠実の晩年は、恵まれたものではなかったろう。

藤原定家《さだいえ》の父の俊成も長寿であった。和歌という生きがいが長生きにつながったのかもしれない。

北朝の崇光《すこう》天皇の皇子の栄仁親王《よしひとしんのう》が伏見宮家を起こしたが、皇室の勢力が低下した南北朝時代にあって不自由な生活を送らざるを得なかった。栄仁親王の子の貞成王《さだふさおう》は、元服《げんぷく》の費用が思うにまかせず、四〇歳にしてようやく元服式をあげるありさまだった。

しかし長生きしたおかげで、貞成王に幸運が巡ってきた。貞成王は後小松上皇《ごこまつじょうこう》から親王宣《せん》下《げ》をうけて貞成親王となったあと、出家《しゅっけ》していた。その三年後に称光《しょうこう》天皇が後継者を残さず没した（一四二八年）。そのため貞成親王の子の彦仁王《ひこひとおう》（後花園《ごはなぞの》天皇）が皇位継承者となったのだ。このあと貞成親王は、息子の後花園天皇から太上《だいじょう》天皇の尊号を受けた。

室町時代なかばに関白太政大臣を務めた、一条兼良という公家がいた。かれは有職故実《ゆうそくこじつ》や古典研究に長じた知識人で、『樵談治要《しょうだんちよう》』などの著書を残した。また室町時代末に、和歌や有職故実に通じた内大臣三条西実隆《さんじょうにしさねたか》という文人がいた。

兼良も実隆も長寿であった。学問への情熱が、かれらの健康に気づかう生活につながったのかもしれない。

高貴な女性

周囲から敬われ養生に気を配る

○推古天皇《すいこてんのう》　享年七五（五五四―六二八）
○大弐三位《だいにのさんみ》　享年八三（一〇〇〇？―一〇八二）
○藤原《ふじわらの》彰子《しょうし》　享年八七（九八八―一〇七四）
○赤染衛門《あかぞめえもん》　享年八六（九五六―一〇四一？）
○寒川尼《さむかわのあま》　享年九一（一一三八―一二二八）
○今林准后《いまばやしじゅごう》　享年一〇七（一一九六―一三〇二）
○慶誾尼《けいぎんに》　享年九三（一五〇八―一六〇〇）
○北政所《きたのまんどころ》　享年七六（一五四九―一六二四）
○祖心尼《そしんに》　享年八八（一五八八―一六七五）
○桂昌院《けいしょういん》　享年七九（一六二七―一七〇五）
○棚橋絢子《たなはしあやこ》　享年一〇〇（一八三九―一九三九）

江戸時代以前の日本で、詳しい伝記を辿《たど》れる女性はそれほど多くない。しかし有力者の母や妻となった女性や、政治的に活躍した女性、文化人として知られる女性などの生没年をみていくと、興味深いことに気付く。

名を知られた女性で、長生きした者が思いのほか多いのである。しかもそういった長寿の女性の中に、九〇代で亡くなった者や、一〇〇歳を過ぎるまで生きていた者がかなりいる。

貴族、公家の生活は比較的健康的だったが、朝廷の長寿の女性は周囲の男性と同じような生活を送って長生きしたと考えてよい。

武家社会の女性も、体をこまめに動かすことによって、健康を維持していたのであろう。それと共に、有力者の母や妻となった女性が、十分な医療を受けたと思われる点も見逃せない。地位の高い女性は、周囲の者から重んじられる生活を楽しんでいたので、長寿を願って健康にも気を配ったのであろう。

本書では特に名の知られた女性しか扱えなかったが、貴族（公家）や武家の女性は、重大な感染症にかからない限り、あるていどの寿命に恵まれたのではあるまいか。

このあと、歴史上で知られた長生きした女性を紹介していこう。

日本最初の女帝といわれる三三代推古天皇は、七五歳の長寿に恵まれた。彼女は崇峻《すしゅん》天皇が蘇我馬子《そがのうまこ》に殺されたあとの混乱を収めるために、大王《おおきみ》（のちの天皇）となった。

蘇我馬子は優れた政治家で、大陸文化や仏教を取り入れて日本の文化を高める政策をすすめていた。崇峻天皇は馬子が自分をさし置いて政治の実権を握ることに反発して、馬子を討とうとした。

これに対して馬子は、内乱が起こる前に、崇峻天皇を暗殺した。しかしこの事件で、王家に大王とするのに適当な王族がいなくなった。そのため馬子が、蘇我氏の母をもつ推古天皇を担ぎ出したのである。

推古天皇は老年まで良い政治をしたが、彼女の没後に王家と蘇我氏の対立が起こる。

平安時代の后妃《こうひ》や女流文学者のなかに、長寿の女性が何人かみられる。大弐三位は、紫式部《むらさきしきぶ》の娘で、歌人として知られていた。彼女は、本名を藤原賢子《けんし》と言った。

藤原賢子が乳母《うば》として育てた親仁親王《ちかひと》が、即位して七〇代後冷泉《ごれいぜい》天皇になった。賢子は三位の位階を授かり「大弐三位」と呼ばれるようになった。

「大弐」とは、賢子の夫の高階成章《たかしなのなりあき》が大宰《だざいの》大弐（大宰府の次官）であったことにちなむ名称である。

藤原彰子は、藤原道長の娘である。彼女は一条《いちじょう》天皇の中宮《ちゅうぐう》（嫡妻）となり、後一条天皇と後朱雀《ごすざく》天皇を生んだ。彰子は天皇の母の立場で文人を集めたサロンを主催し、摂関家と皇室の交流の主導権を握った。

赤染衛門は漢文学者の大江匡衡《おおえまさひら》の妻で、歌人として知られる女性であった。彼女は八〇代になっても宮廷の歌合《うたあわせ》（和歌の集まり）に呼ばれたという。『栄花物語《えいがものがたり》』という歴史物語の作者を、赤染衛門とする説もある。

寒川尼は、現在の栃木県小山《おやま》市のあたりを本拠とする小山政光《まさみつ》という有力な武士の妻であった。彼女は、源　頼朝《みなもとのよりとも》の乳母の一人となった。そのため源頼朝が挙兵したとき（一一八〇年）、寒川尼はいちはやく夫を説いて「源氏につく」と宣言させた。

この功績で、彼女は頼朝から下野国《しもつけのくに》寒川郡（小山市）などを与えられた。

今林准后は、八八代後深草《ごふかくさ》天皇と八九代亀山《かめやま》天皇の母方の祖母にあたる。准后の本名を四　条《しじょう》（藤原）貞子《さだこ》という。彼女の娘の西園寺《さいおんじ》（藤原）姞子《きつし》が八八代後嵯峨《ごさが》天皇の中宮《ちゅうぐう》になって二人の天皇の母になったため、貞子は外孫《がいそん》の天皇に重用された。

貞子は後深草天皇から准后（后に准じる地位）を授かり、今林准后と称した。准后の晩年に、皇太后となっていた西園寺姞子が主催した「九十の賀《が》」が開かれたという記録がある。それは多くの文人を招待した、三日間にわたる盛大なものであったという。

戦国時代に二人の男性を手玉にとった、したたかな女性がいた。佐賀の有力な戦国大名であった、龍造寺隆信《りゅうぞうじたかのぶ》（一五二九―一五八四）の母にあたる、慶誾尼である。彼女の夫の周家《ちかいえ》は、隆信を残して戦死していた。そのため、この慶誾尼が四八歳の時に、息子の有力家臣であった鍋島清房《なべしまきよふさ》（一五一三―一五八五）のもとに押しかけて、強引に妻になった。鍋島清房は妻に先立たれていたが、先妻との間に信昌《のぶまさ》（直茂《なおしげ》）という子がいた。

このあと龍造寺隆信は、島津家《しまづけ》との戦いで戦死した。そして隆信亡きあと、家臣の鍋島直茂が龍造寺家を束ねることになった。やがて家来筋の鍋島家が、龍造寺家の領地を奪う。結果からみれば、慶誾尼が龍造寺から鍋島への政権交代の橋渡し役を務めたことになる。

豊臣秀吉《とよとみひでよし》の正妻である北政所（本名おね）は関ヶ原合戦の時に徳川家康《とくがわいえやす》に加担して、福島正則《ふくしままさのり》らの豊臣大名を徳川方にひき込んだ。おかげで彼女は関ヶ原合戦のあと、家康から化粧料として一〇万石の領地を与えられて七七歳まで生きた。

春日局《かすがのつぼね》のあと、江戸幕府の大奥を束ねた祖心尼という女性がいた。彼女は五八歳で大奥の権力を握った。その前に彼女は前田《まえだ》家の分家で小松《こまつ》城主の前田直知《なおとも》の妻となっていたが、離縁された。

その後、祖心尼は会津《あいづ》藩主蒲生家《がもうけ》の重臣と再婚したが、藩が改易《かいえき》になったために、浪人《ろうにん》となった夫と共に江戸に出てきた。この江戸で彼女は、義理の叔母にあたる春日局に招かれて大奥に入ったのである。

祖心尼は二度の失敗にめげずに、最後に幸福をつかんだたくましい女性であった。

五代将軍徳川綱吉《つなよし》の母で、仏教興隆にさかんに金を遣《つか》った桂昌院も、七九歳の長寿を得た。

近代の長寿の女性として、大正から昭和初年にかけて、女子教育界の第一人者といわれた棚橋絢子を上げておこう。

彼女は名古屋高等女学校（現在の菊里《きくざと》高校）や東京高等女学校の校長を務めたあと引退して、一〇〇歳まで生きた。

「つまらないことに、くよくよするのが人間の身体には、いちばんの毒です」

という棚橋絢子の言葉が残っている。教育者にとって寛容にふるまうことが大事であり、寛容に生きることによって健康も保たれるのだろう。

学者・芸術家

自分の才能を生きがいに長寿につなげる

○世阿弥《ぜあみ》　享年八一（一三六三―一四四三）
○伊藤《いとう》若冲《じゃくちゅう》　享年八五（一七一六―一八〇〇）
○上田《うえだ》秋成《あきなり》　享年七六（一七三四―一八〇九）
○最上《もがみ》徳内《とくない》　享年八二（一七五五―一八三六）
○四世鶴屋《つるや》南北《なんぼく》　享年七五（一七五五―一八二九）
○葛飾《かつしか》北斎《ほくさい》　享年九〇（一七六〇―一八四九）
○曲亭《きょくてい》（滝沢《たきざわ》）馬琴《ばきん》　享年八二（一七六七―一八四八）
○富岡《とみおか》鉄斎《てっさい》　享年八八（一八三七―一九二四）
○南方《みなかた》熊楠《くまぐす》　享年七四（一八六七―一九四一）
○横山《よこやま》大観《たいかん》　享年九〇（一八六八―一九五八）
○藤田《ふじた》嗣治《つぐはる》　享年八二（一八八六―一九六八）

本項で取りあげる長寿の人びとは、いずれも強い個性をもっていた。それを生かして、かれらは作家、画家、学者として、独自の世界をつくり上げた。そしてその中には上田秋成のように、学者としても作家としても知られた人物もいた。

世阿弥は、謡曲の作家と能《のう》の演者を兼ねた人物であるが、現代でも俳優（女優）兼脚本家として活躍する者がかなりいる。

このあと説明するが、本項の人物のなかで健康に気遣って長生きした者もいた。しかしその反対に、やりたい放題の生活をして長寿に恵まれた者もいる。

芸術家や研究者などは、二つの集団に分けられると、私は考えている。一つは「教養人」と呼ぶのにふさわしい幅広い教養を持つ者である。そしてもう一つは自分の仕事のことにしか関心のない者になる。しかし自称「教養人」であっても、必ず何らかの嫌いで苦手な分野を有している。日本の文化は、本項に上げたような学問、芸術に生きた者の手で育てられてきた。かれらの多くは、自分の仕事を金儲けの手段だとは考えなかった。

「好きだから、一つのことにのめり込む」というのである。そして「好きな学問や芸術が、生きがいとなって長生きする者も少なくなかった。

好きな学問、芸術に生きた過去の偉人の生涯は幸福だったのだろう。しかしその中には幸運に恵まれて豊かな生活を送った者と、一生、貧乏の中で過ごした者とがいた。

このあと、長生きした学者や芸術家を紹介していこう。

世阿弥とかれの父の観阿弥《かんあみ》は、それまで大衆の娯楽であった猿楽《さるがく》を芸術にまで高めた「能の大成者」である。世阿弥は自らの公演を、「猿楽」の興行と呼んでいた。しかし、観阿弥、世阿弥以後の「猿楽」は、「能楽《のうがく》」と呼ぶべき新たな舞台芸術だと評価できる。

能楽の脚本である謡曲《ようきょく》は、わび、さび、幽玄《ゆうげん》といった日本独自の美意識を織り込む形をとっていた。そして能楽のいくつかの作品には、中世の戦いで敗れた者に対する鎮魂《ちんこん》の想いが込められていた。

室町幕府の三代将軍足利義満《あしかがよしみつ》は、そのような能楽を評価し、世阿弥を引き立てた。世阿弥は義満のもとで豊かな生活を送ったが、次の将軍足利義持《よしもち》に疎《うと》まれて七二歳の時に佐渡《さど》に流された。それでも世阿弥は流刑地《るけいち》での不自由な生活に耐えて、長生きした。

能を演じる時には、腹式呼吸が欠かせない。日常的に腹式呼吸をすると、内臓が活性化して健康の維持につながる。世阿弥は能を演じる生活によって、長寿を得たのだろう。

伊藤若冲は、京都の有力な青物問屋《あおものどんや》の子に生まれた。かれは早くから絵にひかれ、狩野《かのう》派の技法を身に付けた。そして四〇歳で家業を弟に譲り、画業に専念した。

若冲は鶏《にわとり》の精密な写生に代表される、独自の絵の境地をひらいたが、絵を商売とは考えなかった。しかもかれは生涯独身で、絵を描くのを唯一の楽しみとした生活を送った。

上田秋成は国学者で、怪談集『雨月物語《うげつものがたり》』の作者としても知られる。かれは五歳の時に天然痘《てんねんとう》を患《わずら》ったため、大坂の加島稲荷《かしまいなり》に病気回復の祈願をした。すると「六八歳の寿命を授ける」という稲荷の神託《しんたく》を得た。このあと秋成は大病にかからずに過ごし、神託を八年超える七六歳まで生きた。

最上徳内は天文、測量などに通じた学者で蝦夷《えぞ》探検で知られる。かれは『蝦夷草紙《ぞうし》』（一七九〇年）を記し、アイヌを保護すべきことを人びとに説いた。徳内はもともと頑強で、健康にも気を遣っていたため八二歳の長寿に恵まれた。

四世鶴屋南北は、男女の仲をめぐる陰湿な怨念を描く『東海道四谷怪談《とうかいどうよつやかいだん》』の作者として知られる。ところがかれは、実は「生まれつき滑稽《こっけい》を好み、人を笑わせていた」（『戯作者小伝《げさくしゃしょうでん》』）という。

冗談好きの楽天的な性格が、かれに長寿をもたらしたのかもしれない。鶴屋南北は、七五歳で亡くなる直前まで歌舞伎の脚本を書き続けていた。

葛飾北斎は『富嶽《ふがく》三十六景《けい》』などで知られる、日本を代表する浮世絵の画家である。

北斎は六歳から絵を始め、ひたすら絵を描く生活を送った。北斎は生涯の大半を貧困の中で過ごしたが、いたって健康であったらしい。かれは八〇歳の時に、一〇〇歳まで絵を描き続ける目標をたて、健康のための薬用酒を飲み始めた。しかしかれは九〇歳のときに、風邪がもとで肝炎を起こし、亡くなった。

曲亭馬琴は、江戸時代を代表する戯作者（作家）である。かれは長い間、不遇な生活を送ったが、四〇代になってようやく作品が売れ始めた。馬琴は晩年に失明するが、それでも息子の嫁の手を借りて口述筆記で『南総里見八犬伝《なんそうさとみはっけんでん》』の大作を完成させた。

画家と知られる富岡鉄斎は、国学、儒学、仏教、詩文、漢学を修めた教養人であった。かれは伝統的な文人画の手法を身に付け、五〇代で独特の文人画を完成させた。

鉄斎は明治以後、神職《しんしょく》として生活したが、若い時には、かれの絵は評価されなかった。五〇代のあたりから鉄斎はようやく画家として順風満帆《じゅんぷうまんぱん》の人生を送ることになった。かれは画壇の役員も、あれこれ務めた。

七〇代になったあたりから、鉄斎は養生を重んじる生活を送り始めた。早寝早起きして、熱い粥《かゆ》を常食とした。そして体に良い、小芋やそばを好んで食べたという。

鉄斎は独特の絵を描き続け、八八歳で亡くなった。

南方熊楠は、博物学者、特に粘菌《ねんきん》の研究者として知られる。かれは幅広い知識に通じていたが変わった性格の持ち主であったため、なかなか世間に認められなかった。そのためかれは故郷の和歌山県の田辺《たなべ》（田辺市）で、社会と絶縁して研究に没頭する生活を送った。

しかし時を経たのちに熊楠を評価する学者が現れ、かれは現在は「天才の民間学者」と評価されている。

横山大観は富士山の連作などで知られる画家である。かれは毎日一升の日本酒を飲む酒豪だったが九〇歳の長寿を得た。

藤田嗣治は、国際的に評価された洋画家である。かれは戦時中に日本の軍部に協力して戦争画を描いたことを非難されたため、日本を離れて、フランスに帰化した。かれは八〇過ぎまで長生きしたが、最後は膀胱《ぼうこう》がんで亡くなった。八二歳であった。

僧侶

教養として医術を身につけていた人びと

○行基《ぎょうき》　享年八二（六六八―七四九）
○鑑真《がんじん》　享年七六（六八八―七六三）
○良弁《ろうべん》　享年八五（六八九―七七三）
○道因《どういん》　享年九三（一〇九〇―一一八二）
○親鸞《しんらん》　享年九〇（一一七三―一二六二）
○一休《いっきゅう》　享年八八（一三九四―一四八一）
○雪舟《せっしゅう》　享年八七（一四二〇―一五〇六）
○日親《にっしん》　享年八二（一四〇七―一四八八）
○蓮如《れんにょ》　享年八五（一四一五―一四九九）
○策伝《さくでん》　享年八九（一五五四―一六四二）
○隠元《いんげん》　享年八二（一五九二―一六七三）

名の知られた僧侶の中に、長生きした者が比較的多い。本項で取りあげた僧侶の多くが、八〇歳を超える寿命に恵まれていた。

九〇歳を超える長生きの者もいる。別の項目で貴族、公家の長寿の者や、武家で長生きした人物を取り上げているが、僧侶はおおむね貴族、公家や武士より長生きだったらしい。

本項で紹介した人物以外の、長寿の僧侶も、かなりみられる。

貴族社会では、日常的に激しい出世争いが行なわれていた。公家社会になって家格が定まっても、狭い公家の世界では、日常的に足の引っ張り合いが行なわれていた。

武家社会は、これより厳しい。武士たちは自分の領地を守るために、つねに周囲の武士たちとにらみ合っていた。場合によっては、武力によって領地を守らねばならない。

治承《じしょう》、寿永《じゅえい》の乱のような大きな合戦が起これば、どちらの側につくか決断しなければならない。判断を誤れば、領地を没収される。運が悪ければ、命まで落としかねない。

これに対して有力寺院の学問僧は、寺院の中にいる限り安全であった。しかも、かれらの衣食住は寺院に保障されていた。

寺院内や宗派内の勢力争いは、確かにあった。しかし「出世より学問」とわり切ってしまえば、人間関係に苦しめられる心配もなかった。

僧侶が修めた学問の中に医術があった。そのため医術に長じた僧侶が、寺院とつながりのある公家、武士、庶民などの診察を行なうことが多かった。

合戦の時に、大名に頼まれた僧侶が負傷者の治療に当たることもあった。

寺院の精進料理《しょうじん》は、健康食となっていた。また僧侶は、修行や寺院の雑務で適度な運動をした。こういった要素によって、高齢まで元気な僧侶が多くみられるようになったのであろう。

このあと長生きした僧侶を、何人か紹介していこう。

行基は、奈良時代に庶民相手に手広く布教した僧侶である。朝廷の法は、寺院にいて学問に励むことを僧侶や尼に義務づけていた。しかし行基はその法を破り、各地を巡って仏説を説いた。

それと共に行基は、身に付けた土木技術を用いて庶民を指導して、各地に池や農業用水路、道路、橋を開発した。のちに行基は朝廷の招きを受けて東大寺《とうだいじ》の大仏建立に協力して、大僧正《だいそうじょう》の地位を授けられた。このような行基は、八二歳の長寿に恵まれた。

各地を巡り歩いたことが良い運動になって、行基の健康な身体がつくられたのだろう。

鑑真は遣唐使《けんとうし》で入唐《にっとう》した日本の僧侶栄叡《えいえい》らの招きを受けて、奈良時代末に来日した中国の高僧である。かれは日本に仏教の戒律《かいりつ》を伝え律宗《りっしゅう》を開いた。鑑真は七六歳過ぎまで生きて、奈良の唐招提寺《とうしょうだいじ》の建立を主導した。

良弁は、奈良時代の有力な僧侶である。かれは最初は法相宗《ほっそうしゅう》を学んだが、華厳《けごん》の教えにひかれ日本に華厳宗を広め、華厳宗派の指導者となった。そして聖武《しょうむ》天皇の命を受けて東大寺の建立に尽力して、東大寺を華厳の本山とした。この良弁は、八五歳まで生きて日本の仏教界を指導した。

平安時代末に、道因という優れた歌人として知られた僧侶がいた。かれは和歌の神とされた住吉明神《すみよしみょうじん》（大阪市）に毎月一度、参詣するほどの情熱をもって、作歌に励んだ。かれは九〇歳を過ぎても、あちこちの歌会《うたかい》に参加していた。耳が遠くなっていたので、道因は歌会の和歌を詠み上げる係の者の脇に陣取り、耳を傾けていたという。そのありさまは、当時の人びとを感激させたとある。道因は現役の歌人として九三歳で亡くなった。

親鸞は、浄土真宗《じょうどしんしゅう》の開祖である。かれは比叡山《ひえいざん》の学問僧であったが、京都の市中で庶民に布教する法然《ほうねん》の教えにひかれ、法然の弟子になった。法然の浄土宗《じょうどしゅう》は、南無阿弥陀仏《なむあみだぶつ》と称《とな》えると阿弥陀仏に救われると教えるものだった。

しかし親鸞はのちに、すべての人間が生まれながらに阿弥陀仏に救われていると考えるようになった。そのためかれの弟子たちが、のちに法然の浄土宗とは別に浄土真宗をひらいた。

親鸞は旧仏教（比叡山など）の圧力で越後《えちご》に流されたことがあるが、それを機に東国《とうごく》で手広く布教して浄土真宗を広めた。かれは九〇歳まで生きた。布教の旅が適度な運動になって、かれに健康をもたらしたのだろう。

一休は、室町時代の禅宗《ぜんしゅう》の高僧である。かれの時代の禅僧で、室町幕府の有力者にとりいって政治に関与したり、贅沢にふけったりする者が目立った。

一休はそれを嘆いて、狂詩《きょうし》や奇行でかれらを皮肉った。一休がユーモアに富む人物であったために、のちに一休を主人公にした「一休頓智話《とんちばんし》」が創作された。一休は、応仁《おうにん》の乱で破壊された大徳寺《だいとくじ》を再興して、その住持《じゅうじ》になった。かれはこの大事業を終えて、八八歳の長寿に恵まれた。

室町時代を代表する画家の雪舟も、長生きだった。かれは若い時に京都の相国寺《しょうこくじ》で、禅と絵を学んだ。そのあと山口の大名大内《おおうち》家のはからいで中国の明《みん》朝に渡り、最新の画法を身に付けた。帰国後、雪舟は各地を巡り、多くの絵を残した。

日親は、京都に日蓮宗《にちれんしゅう》を広めた室町時代の僧侶である。かれはしばしば他宗と激しい論争を行なったため室町幕府の弾圧を受けた。それでもかれがひらいた本法寺《ほんぽうじ》を拠点に、日蓮宗が着実に京都に広まっていった。この日親は八二歳の長寿に恵まれた。

北陸地方で意欲的に浄土真宗を布教した蓮如も、八五歳の長寿であった。かれは意欲的に御《お》文《ふみ》という文書を信者に与え、信者を組織していった。

『醒睡抄《せいすいしょう》』という、短い笑い話を集めた本がある。この本の笑話を、落語の元祖とする説もある。『醒睡抄』の著者を策伝という。

かれは幼少時代に出家し、最後は朝廷から紫衣《しえ》を勅許《ちっきょ》された高僧であった。策伝は七〇歳で隠居して安楽庵《あんらくあん》に住むようになったあと、笑い話を綴り始めたという。かれは『醒睡抄』を完成させたのちに八九歳で亡くなった。

日本に黄檗宗《おうばくしゅう》を伝えた明朝の禅僧隠元も、八二歳まで生きた長寿者であった。かれは山城《やましろ》の宇治《うじ》に、黄檗山の本山萬福寺《まんぷくじ》をひらいたことで知られる。

医学者

患者を診る中で、自らも病気の予防に努める

○坂士仏《さかしぶつ》　享年八九（一三二七―一四一五）
○曲直瀬玄朔《まなせげんさく》　享年八三（一五四九―一六三一）
○高嶺徳明《たかみねとくめい》　享年八六（一六五三―一七三八）
○前野良沢《まえのりょうたく》　享年八一（一七二三―一八〇三）
○華岡青洲《はなおかせいしゅう》　享年七六（一七六〇―一八三五）
○関寛斎《せきかんさい》　享年八二（一八三〇―一九一二）
○高橋瑞子《たかはしみずこ》　享年七五（一八五二―一九二七）
○生沢《いくさわ》クノ　享年八一（一八六四―一九四五）
○志賀潔《しがきよし》　享年八七（一八七〇―一九五七）
○日野原重明《ひのはらしげあき》　享年一〇六（一九一一―二〇一七）
○河邨文一郎《かわむらぶんいちろう》　享年八七（一九一七―二〇〇四）

記録では確認できないが、私は江戸時代以前の長寿者の半数近くが、医師と僧尼で占められていたのではないかと考えている。

これは、江戸時代以前には、東洋医術の知識が医師と僧侶の独占物であったことからくるものである。ところが江戸時代後半に洋学が広まったために、僧侶のもつ医術の知識はしだいに時代遅れのものになっていった。

さらに明治時代に入ると、政府の主導による西洋医学の教育が始まった。そうなると学校を出て試験を受けて医師免許を受けたものだけが、医者として扱われることになった。

僧侶のもつ東洋医学の知識にもとづく治療は、「民間療法」とされたのだ。だから現代では、漢方医《かんぽうい》を志す者も西洋医学の知識を身に付けて、医師免許をもつようになった。

しかも戦後になったあたりから、一般人むけの医学書や健康本も多く出版されるようになった。テレビなどでも健康番組がつくられた。このようになると、医師以上の経験なしに紙で得た医学知識（ペーパー知識）をもつ一般人も現れるようになる。しかし、医学部の教育を受けない者の素人療法は危なっかしい。

現在、医学が急速に発達しており、それに追い付くのは専門の医師でも容易でないありさまだ。それでも医学知識のある現代の医師は、自分の身体の病気の兆候を早めに見付けて専門医にかかることができる。

この意味で、現代の医師の平均寿命は、一般人の平均寿命より長いのではあるまいか。

このあと、興味深い生涯を送り長生きした医師たちを紹介していこう。

坂士仏という医師は当代一の名医といわれて、北朝の歴代の天皇と室町幕府の足利義詮《よしあきら》、義満、義持の三代の将軍の侍医を務めた。

かれの家は代々医業を営む家で、士仏の父の坂十仏も、士仏の子の坂浄快《じょうかい》も医師であった。坂家には生没年が明らかでない人間も多いが、坂士仏だけ、八九歳という長寿が確かな記録によって明らかにされていた。

曲直瀬玄朔は、前に紹介した曲直瀬道三《どうさん》の養子である。かれは道三の甥で、道三の孫娘の婿となる形で道三の後を嗣いだ。

この玄朔は、正親町《おおぎまち》天皇や関白豊臣秀次《ひでつぐ》の侍医を務めた。

六〇歳の時に二代将軍徳川秀忠《ひでただ》の治療にあたったことが縁となって、かれは江戸幕府に仕えることになった。養父の道三が八八歳で亡くなり、玄朔は養父より少し短い八三歳の長寿に恵まれた。玄朔の子孫は今小路《いまこうじ》家となって代々、徳川家の典薬頭《てんやくのかみ》（医師長）を務めた。

江戸時代はじめに、琉球《りゅうきゅう》王国の王家に麻酔師として仕えた高嶺徳明という人物がいた。徳明は、中国の福州《ふくしゅう》の医師から全身麻酔術を教わっていた。

第二尚氏《しょうし》の一一代琉球王を、尚貞《しょうてい》という。かれの王子の尚益《しょうえき》が、先天性の口唇裂《こうしんれつ》であった。高嶺徳明は、麻酔を用いて尚益王子の口唇裂を治療した（一六八九年）。このあと徳明は、八五歳まで長生きした。

杉田玄白《すぎたげんぱく》と共に、西洋の解剖学の書物の翻訳を行なった前野良沢は、玄白の長寿に近い八一歳の長寿に恵まれた人物である。解剖書の翻訳はすすんでいったが、前野は洋書の完全な翻訳を目指した。

これに反対した杉田玄白が、前野の了解を得た上で「おおむね完成した」解剖書の訳を『解体新書』として刊行した。前野は『解体新書』が普及していく中で、長期にわたり一人で翻訳を続けたが、かれの訳本が公表されることはなかった。

華岡青洲は、江戸時代なかばに独自の麻酔術をあみ出した医師である。かれは朝鮮アサガオとトリカブトを主成分とした、「通仙散《つうせんさん》」という全身麻酔薬をあみ出した。

華岡が全身麻酔を用いたガン治療に成功したことが評判になった。そのあと、華岡は『春《しゅん》林軒《りんけん》』という医塾をひらき、九九四名もの麻酔医を育てた。

華岡は健康に過ごしたが、七六歳の時に突然体調を崩して病死した。持病のないかれは、老衰で亡くなったと考えられている。

戊辰《ぼしん》戦争の時に、官軍の軍医を務めた関寛斎という蘭方医がいた。かれは西郷隆盛《さいごうたかもり》の招きを受けて官軍に入り、平潟港《ひらかた》（北茨城市）の寺院を病院とした。

寛斎は会津《あいづ》戦争の多くの負傷兵を治療した。病院には、つねに一五〇人を超える患者が入院していたとある。

戊辰戦争のあと寛斎は北海道に渡り、陸別《りくべつ》（陸別町）で開拓に従事しながら医療を行なった。かれが九三歳で亡くなると、寛斎を慕う地元の人びとが関神社を建てた。

明治時代に、医術開業試験が始められた。このあと、女性の受験も認められるようになり、荻野吟子《おぎのぎんこ》（一八五一―一九一三年）が最初の女医になった。そして彼女に続いて、生沢クノ、高橋瑞子が医術開業試験に合格した。生沢は医院を開業し、高橋はベルリン大学で学び、日本最初の産婦人科医として活躍した、
生沢も高橋も長寿で、生沢は八一歳、高橋は七五歳の長寿を全うした。

赤痢菌《せきりきん》の発見者として知られる志賀潔は、八八歳まで長生きした。かれは東京帝国大卒業後に伝染病研究所の北里柴三郎《きたざとしばさぶろう》のもとで研究に従事して多くの業績をあげた。長寿者であったおかげでかれは、七五歳の時に文化勲章を受章という栄誉を授けられた。

日野原重明という、患者に慕われた名医がいた。かれは人びとに生命の大切さを説き、「生命の器」を与えられた人間は、他者のために尽くさねばならないと説いた。地下鉄サリン事件が起こった時（一九九五年）、聖路加《せいろか》国際病院長であったかれは、病院を解放して六四〇名のサリン被害者を受け入れた。そして自ら先頭にたって、毒ガスの中毒に苦しむ人びとを治療した。

このとき日野原は八四歳の高齢であったが、かれは一〇六歳で亡くなるまで活躍し続けた。

河郁文一郎という札幌医科大学の教授を務めた医師がいた。かれは肢体《したい》不自由児教育に尽くしたり、無医村を巡って診療したりして、地域の人に慕われた。

河郁は詩人で、札幌冬季オリンピックの時に、オリンピックの歌『虹と雪のバラード』の歌詞を作詞したことでも知られる。この河郁は八七歳の長寿に恵まれた。

武士

野望を持つ彼らの日々の養生とは

○尼子《あまご》経久《つねひさ》　享年八四（一四五八―一五四一）
○武田《たけだ》信虎《のぶとら》　享年八一（一四九四―一五七四）
○毛利《もうり》元就《もとなり》　享年七五（一四九七―一五七一）
○金森《かなもり》長近《ながちか》　享年八五（一五二四―一六〇八）
○島津《しまづ》義弘《よしひろ》　享年八五（一五三五―一六一九）
○鍋島《なべしま》直茂《なおしげ》　享年八一（一五三八―一六一八）
○真田《さなだ》信之《のぶゆき》　享年九三（一五六六―一六五八）
○大岡《おおおか》忠相《ただすけ》　享年七六（一六七七―一七五二）
○島津《しまづ》重豪《しげひで》　享年八九（一七四五―一八三三）
○松浦《まつら》静山《せいざん》　享年八二（一七六〇―一八四一）
○勝《かつ》海舟《かいしゅう》　享年七六（一八二三―一八九九）

戦国武将のなかで、当時としては驚異的な長命を保った者が何人かいる。八〇歳すぎまで生きた人間が六人もおり、そのなかの一人は九〇代まで生存していた。

かれらは、特別の目的を抱えて生きたために、養生に力を尽くしたのだろう。

これに対して、武田信玄《たけだしんげん》と上杉謙信《うえすぎけんしん》は酒を飲んで好きな物を食べる生活を送っていた。信玄は胃ガンで、謙信は脳出血で亡くなったと考えられている。

かれらのうちの一人でも、もう一〇年長く生きていれば、日本の歴史は大きく変わったであろう。織田信長は、天下人の座からすべり落ちていたかもしれない。

がいしていえば中世の武士は、健康に良い生活を送っていた。かれらは素食であったし、雑穀、麦飯、味噌などの体に良い食物を日常的にとっていた。

また武芸の鍛錬や、鷹狩《たかが》りは、健康を維持するための適当な運動になっていた。戦国時代の武士の多くは、医術に通じた僧侶から、養生のための適切な助言を受けていた。

さらに東洋医学を学び、自ら漢方薬を調合する大名もいた。大名以外の戦国時代の武士にも、長生きした者もいた。毛利元就の家老の国司元相《くにしもとすけ》は、一〇一歳まで生きた。毛利輝元《てるもと》が防府天《ほうふてん》満宮大宮司家《まんぐうだいぐうじけ》の謀反《むほん》を疑った時、元信は大宮司のことを輝元に執り成し、輝元に大宮司領を安《あん》堵《ど》させた。

北条氏康《ほうじょううじやす》の弟の北条長綱《ながつな》は、小田原城落城の時の戦いに加わった後に九六歳まで生きた。また石田三成《いしだみつなり》の子の重家《しげいえ》は、父の三成が関ヶ原の合戦で敗れたあと禅僧になって、一〇一歳の天寿を全うした。かれは後に春日局の招きを受けて大奥に仕え、祖心尼に禅を教えた。

江戸時代に入って平和になると、武士の生活は変わっていく。戦国の武士は戦士であった。しかし島原《しまばら》の乱（一六三九年）を最後に戦乱がおさまると、官僚として有能な武士たちが、武芸に長じた武士たちより重んじられるようになっていった。

田沼意次《たぬまおきつぐ》のように商人と結んで上手く金儲けをする者が、幕府や諸藩の実権を握るようになったのだ。贅沢を覚えて美食や酒におぼれ、武芸の鍛錬を怠った武士の中には、生活習慣病で早逝《そうせい》する者もいたのであろう。

そうであっても、古武士の気風をもつ武士で長生きした者もいた。

戦国時代から江戸時代にかけ、活躍した長寿の武士を幾人か紹介していこう。

尼子経久は、一代で出雲《いずも》の守護代《しゅごだい》であった尼子家を中国地方の有力大名にまで成長させた。

尼子家は近江源氏《おうみげんじ》の佐々木家《ささきけ》の分家で、室町時代に守護の京極《きょうごく》家の下の守護代になった家である。経久は守護を追って富田城《とだじょう》・月山城《がっさんじょう》（島根県安来市《やすき》）を奪ったのちに、伯耆《ほうき》以西の山陰諸国を攻略して有力大名になった。かれは八四歳まで生きた。

武田信虎は一四歳で武田家を継いだあと、甲斐《かい》の各地の武士を従え、国内の統一に成功した（一五三二年）。このあとかれは信濃《しなの》に出兵して領土を拡大するが、息子の晴信《はるのぶ》（信玄《しんげん》）によって駿河《するが》に追放された（一五四一年）。

これは独断専行を好む信虎の性格が、武田家の重臣たちに嫌われたことによると考えられている。このあと信虎は各地を放浪したのちに、武田勝頼《かつより》に帰郷を許された（一五七三年）。

しかし既に信虎の身体は病んでいた。かれはその次の年に、甲斐を目前にした伊那《いな》の地で亡くなった。老衰であったとされる。信虎は「甲斐に帰りたい」という執念で、できる限りの養生をしたのだろう。

大内家を滅ぼして、一代で中国地方の大部分を統一して一〇か国の領主になった毛利元就は七五歳まで生きた。中国地方統一という大きな夢が、かれに長寿をもたらしたのだろう。

元就は野望のために、健康法に細心の注意をはらって生活していたという。かれは周防《すおう》、長門《ながと》を併合したあと、大内家の侍医であった竹田定雅《たけださだまさ》と張忠《ちょうちゅう》を召し抱えた。

さらに後には、京都から名医曲直瀬道三を招き、かれに医術を教わった。このような元就は最後は、当時としては有効な治療法が無かった回虫症《かいちゅうしょう》（寄生虫）がもとで亡くなった。

織田信長の家臣であった金森長近は、柴田勝家《しばたかついえ》の配下であったが、賤《しず》ヶ岳《たけ》の合戦（一五八三年）で勝家を裏切って羽柴《はしば》（豊臣）秀吉についた。

この手柄などでかれはのちに、飛騨高山《ひだたかやま》の三万七〇〇〇石の大名とされた（一五八六年）。かれはこのあと何度か加増《かぞう》を受け、関ヶ原合戦後に高山藩主のままで飛地《とびち》を合わせて六万一七〇〇石の大名にまで伸し上がった。

南九州の有力大名であった島津義弘は、関ヶ原合戦で西軍についたが、上手に戦場から逃れた。かれはそのあと徳川家康と巧みに交渉して、自領の安堵をかち取った。

鍋島直茂は龍造寺隆信の家臣であったが、豊臣政権下に上手く立ちまわり、隆信の子の龍造寺政家《まさいえ》に取って代わった人物である。最終的にはかれの大名の地位は、関ヶ原の合戦のあと徳川家康によって安堵された。

真田信之は、真田昌幸《まさゆき》の長男であった。関ヶ原の合戦で父の昌幸が西軍についた時、信之は東軍加わり、そのときの恩賞によって信濃《しなの》の上田《うえだ》（上田市）の九万五〇〇〇石の大名になった。

金森長近、島津義弘、鍋島直茂、真田信之は、自家を大名として発展させたいという思いをもって長生きした人物とみてよい。

江戸時代なかばの名奉行といわれる大岡忠相も、長寿であった。かれは主君の徳川吉宗《よしむね》にほれ込み、吉宗の役にたちたいという思いを抱いて生きた。かれの仕事ぶりはまじめで、ほとんど欠勤することがなかった。大岡は七五歳の時（一七五一年一一月）に辞職願を出したが、慰留されて奏者番《そうじゃばん》となった。しかしその翌月に、かれは急死した。

江戸時代後期の薩摩《さつま》藩主で、一一代将軍徳川家斉《いえなり》の正室の父であった島津重豪《しげひで》という人物がいた。かれは贅沢の限りを尽くして生活をして、薩摩藩の財政を破綻させた。シーボルトは八二歳の重豪と会った時に、こう記した。

「殿は耳も目も衰えをみせず、頑丈な体格をしていて六五歳ぐらいにしか見えない」

好き放題に暮らすことが、長寿につながるのかもしれない。『甲子夜話《かっしやわ》』という随筆を書くのを楽しみにしていた平戸《ひらど》藩主の松浦静山も、八二歳の長寿に恵まれた。

勝海舟は剣の達人で、オランダ語にも通じた優れた人であった。戊辰戦争の時にかれは官軍の西郷隆盛と交渉して、江戸の町を戦火から救った。この勝は、明治後期まで生きて、七六歳の時に風呂から出たあと、胸が痛いと言って意識を失い、まもなく亡くなった。死因は脳出血だとされている。

政治家・実業家

近代の成功者が力を注いだ健康管理

○松方《まつかた》正義《まさよし》　享年八九（一八三五―一九二四）
○板垣《いたがき》退助《たいすけ》　享年八二（一八三七―一九一九）
○大隈《おおくま》重信《しげのぶ》　享年八四（一八三八―一九二二）
○浅野《あさの》総一郎《そういちろう》　享年八二（一八四八―一九三〇）
○西園寺《さいおんじ》公望《きんもち》　享年九一（一八四九―一九四〇）
○村山《むらやま》龍平《りょうへい》　享年八三（一八五〇―一九三三）
○清浦《きようら》奎吾《けいご》　享年九二（一八五〇―一九四二）
○尾崎《おざき》行雄《ゆきお》　享年九六（一八五八―一九五四）
○徳川《とくがわ》家達《いえさと》　享年七七（一八六三―一九四〇）
○平沼《ひらぬま》騏一郎《きいちろう》　享年八五（一八六七―一九五二）
○宇垣《うがき》一成《かずしげ》　享年八八（一八六八―一九五六）

明治維新を経て近代に入ると、政治家、実業家といった有力者に、長生きする者が目立つようになる。江戸時代には八〇代まで生きる有力者は、そう多くはなかった。

西洋の医学によって、日本人の寿命は伸びた。政府の主導で西洋の「衛生」の考えが広まったために、日本人の間に感染症を予防する習俗が根付いたためだ。

それと共に、明治時代以後に、感染症の治療法がじわじわと広まっていった。これは日本が、西洋の最新の細菌学の成果を取り入れたことによるものである。

明治維新のあと、日本では東洋医学が急速に勢いを失っていった。政府が『医術開業試験法』を定めて、西洋医学の知識の試験に合格しない者の、新たな医業の開業を禁じた（一八七六年）ためである。そのため、大学などで西洋医学を修めた者が、日本の医師の主流を占めるようになっていった。

このあと西洋医学が普及した近代に、長い寿命に恵まれた有力者たちを紹介していこう。

松方正義は二度にわたって首相を務めた、薩摩閥《ばつ》の有力な政治家である。明治一四年の政変（一八八一年）で大蔵卿の大隈重信が失脚したあと、松方は大蔵卿となって財政変革にあたった。

そのころ不換《ふかん》紙幣の乱発によって物価騰貴（インフレーション）が起こっていた。そのため松方は紙幣整理を行ない、日本経済を安定させた。この改革は「松方デフレ政策」などと呼ばれる。

松方は晩年に、次の首相候補を天皇に推薦とする元老の一員となった。

板垣退助は戊辰戦争で官軍の指揮官の一人を務めたあと、新政府の参謀になった人物である。かれは征韓論《せいかんろん》をめぐる政争で西郷隆盛らと共に下野し、のちにフランス流の民主政治を目指す自由党《じゆうとう》を結成して自由民権運動の指導者の一人となった。自由党はしだいに党勢を拡大した。そして板垣が、大隈重信と共に隈板《わいはん》内閣と呼ばれる内閣を立ち上げたことまであった。しかしのちに自由党の流れを引く憲政党《けんせいとう》は、伊藤博文《いとうひろぶみ》に乗っ取られて立憲政友会《りっけんせいゆうかい》となった。このとき板垣は政界から引退し、以後は不遇な貧乏生活を送った。

板垣は八二歳の時に風邪で病床についた。このとき山縣有朋《やまがたありとも》の呼びかけで、二万六〇〇〇円の見舞金が板垣に届けられた。しかし病状は回復せず、板垣はまもなく肺炎で亡くなった。

大隈重信は前にあげた明治一四年の政変で下野《げや》したあと、自由民権運動を指導した人物である。かれはイギリス流の立憲君主制を目指す立憲改新党を組織した。大隈は、ある時は自由党の板垣と組んで政府を攻撃し、ある時は薩長《さっちょう》閥の有力者に迎えられて大臣を務めた。

伊藤博文、松方正義といった藩閥の有力者にとって、政務に通じたうえに民衆に人気のある大隈が有用だったからである。大隈は二度、首相を務めた。一度目は板垣退助と組んで内閣を組織した。そして二度目は、大正時代の第一次護憲運動後の混乱をしずめるために、元老に担ぎ出されたものである。

浅野総一郎は、「十五大財閥」の一つである浅野セメントの創業者である。かれは越中《えっちゅう》の藪田村《やぶたむら》（氷見市《ひみし》）の医師の子に生まれたが、実業家を目指して横浜で薪炭《しんたん》、石炭販売店を起こし（一八七三年）成功者となった。

かれはこのあと渋沢栄一の仲介によって、工部省のセメント工場の払い下げを受けて事業を拡大した。

浅野は健康のために早寝早起きを心掛け、起床してすぐ朝風呂に入っていた。さらにかれは粗食で、偏食せず何でも食べたという。

公家出身の西園寺公望は、立憲政友会の総裁となって二度首相を務めた人物である。かれは元老の一員となり、長寿であったために最後の元老となった。元老に指名された有力者が、次々に亡くなっていったからである。晩年の西園寺は健康に気遣い、勝沼精蔵《かつぬませいぞう》という名医を頼みに過ごした。

村山龍平は、朝日新聞を大新聞に発展させて「新聞王」とも呼ばれた人物である。かれは伊勢《いせ》の武家に生まれたが、明治維新後に実業家を目指して雑貨販売業を起こした。

そのあとかれは朝日新聞の経営権を手に入れて、魅力ある新聞づくりを目指して、自ら率先して動いて社員を指導していった。

村山は、健康第一の生活を送っていた。かれは風呂から上がる時に、必ず腰から下に冷水をかけた。村山はこれを「冷水健康法」と呼んでいた。

さらにかれは、きれい好きな上に、鰻《うなぎ》の皮などの消化に悪いものは一切食べなかった。また村山は、健康のために武芸の鍛錬を欠かさなかった。このような健康管理のおかげで、村山は八四歳まで生きることになった。

清浦奎吾は、内務省の官僚から政治家になった人物で一度、組閣したが（一九二四年）、政党の攻撃を受けて辞職した。徳川家達は最後の将軍徳川慶喜《よしのぶ》の養子で、長く貴族院議長を務めた。

平沼騏一郎は、山縣有朋閥の政治家で、「軍閥の横暴を抑える力を持つ文官は私だけだ」と売り込んで首相になった。しかしかれは外交策の迷走により辞職した。陸軍の有力者の宇垣一成は、若い将校の対米主戦論を危険視していた。元老が宇垣を首相に推そうとしたことがあったが（一九三七年）、陸軍が陸軍大臣を出さなかったので、宇垣内閣は流産した。

著者紹介

武光誠

1950年、山口県生まれ。東京大学文学部国史学科卒業。同大学院博士課程修了。文学博士。2019年に明治学院大学教授を定年で退職。専攻は、日本古代史、歴史哲学。著書に『荘園から読み解く中世という時代』『渡来人とは何者か』（河出書房新社）、『古代史入門事典』（東京堂出版）、『図説 ここが知りたかった！神道』（小社刊）などがある。

日本史《にほんし》を生《い》き抜《ぬ》いた 長寿《ちょうじゅ》の偉人《いじん》

2024年12月30日　第1刷

著　　者　武《たけ》 光《みつ》　誠《まこと》

発 行 者　小 澤 源 太 郎

責任編集　株式会社 プライム涌光

電話　編集部　03(3203)2850

発 行 所　株式会社 青春出版社

東京都新宿区若松町12番1号 〒162-0056

振替番号　00190-7-98602

電話　営業部　03(3207)1916

印　刷　中央精版印刷　　製　本　フォーネット社

万一、落丁、乱丁がありました節は、お取りかえします。

ISBN978-4-413-23388-0 C0021